라오스

LAOS

나다 마타스 런퀴스트 지음 · 오정민 옮김

세계의 **풍습과 문화**가 궁금한
이들을 위한 **필수 안내서**

★ 세계 문화 ★
여행

라오스
L A O S

시그마북스
Sigma Books

세계 문화 여행 _ 라오스

발행일 2020년 6월 15일 초판 1쇄 발행
지은이 나다 마타스 런퀴스트
옮긴이 오정민
발행인 강학경
발행처 시그마북스
마케팅 정제용
에디터 장민정, 최윤정
디자인 최희민, 김문배

등록번호 제10-965호
주소 서울특별시 영등포구 양평로 22길 21 선유도코오롱디지털타워 A402호
전자우편 sigmabooks@spress.co.kr
홈페이지 http://www.sigmabooks.co.kr
전화 (02) 2062-5288~9
팩시밀리 (02) 323-4197
ISBN 979-11-90257-52-7 (04900)
          978-89-8445-911-3 (세트)

이 책의 한국어판 저작권은 Kuperard Publishing an imprint of Bravo Ltd.와 독점 계약한 시그마북스가 소유합니다.
저작권법에 의하여 한국 내에서 보호를 받는 저작물이므로 무단전재와 무단복제를 금합니다.

이 도서의 국립중앙도서관 출판예정도서목록(CIP)은 서지정보유통지원시스템 홈페이지(http://seoji.nl.go.kr)와 국가자료종합목록 구축시스템(http://kolis-net.nl.go.kr)에서 이용하실 수 있습니다.
(CIP제어번호: CIP2020020379)

* 시그마북스는 ㈜시그마프레스의 자매회사로 일반 단행본 전문 출판사입니다.

라오스전도

중국

중국

베트남

미얀마

풍살리

루앙남타

므앙싸이

훼이싸어

메콩강

농키아우

삼누아

루앙프라방

퐁킹만

씨야부리

쏜사반

▲푸비아

방비엥

팍산

비엔티안

남으강

타케크

사반나케트

세폰

태국

살라완

세콩

볼라밴고원

팍세

아타푸

캄보디아

차 례

06　여가생활

07　여행, 건강 그리고 안전

08　비즈니스 현황

09　의사소통

한때 '100만 마리의 코끼리와 하얀 파라솔의 왕국'으로 알려졌던 라오스는 인도차이나 반도의 심장부에 위치하며 이웃 국가들과 대비를 이루는 아름다운 내륙 국가다. 메콩강과 접한 라오스는 울창한 숲, 아침 안개가 덮인 산봉우리들, 장엄한 아시아 양식의 사찰과 프랑스 식민지 시대의 건축물들이 공존한다. 라오스 고대 왕실의 아름다운 수도, 루앙프라방은 유네스코가 지정한 세계문화유산으로 전통 건축물과 자연 명소가 놀랍도록 조화롭게 어우러져 있다.

온화하고, 선하며, 인내심 강한 사람들이 살고 있는 이 다민족의 땅은 매년 점점 더 많은 방문객을 끌어들이고 있다. 공식적으로 라오스는 라오인민혁명당이 통치하는 일당 사회주의 공화국이다. 하지만 적극적인 산업개발전략으로 외국인 투자도 활발하게 유치 중이며 현재 동남아국가연합과 세계무역기구의 회원국이기도 하다. 수도 비엔티안은 영감을 주고 상업적으로는 자극제 역할을 하며 메콩강 건너 지척에 있는 태국을 포함해 역동적으로 발전 중인 다른 아시아 도시들을 맹렬히 추격하고 있다.

많은 사람은 라오스의 이국적이고 과거를 회상하기에 적합한 푸르른 자연환경에 매료된다. 그들은 향신료, 열대 과일 그리고 다양한 종류의 쌀이 담겨있는 버들가지로 만든 커다란 바구니가 즐비한 북적이는 시장의 생동감을 즐기며 휴식을 취한다. 아마도 방문객들은 주황색 수도복을 입은 수도승 무리가 사원에서 들려오는 염불을 외며 지나가는 것을 보았을지도 모른다. 또한 항상 허리를 숙여 '사바이디'라는 전통 인사말을 상냥하게 건네며 웃고 떠들며 지나가는 교복 입은 아이들을 보게 될 것이다.

『세계 문화 여행_라오스』는 당신을 한 발 더 나아가게 할 것이다. 이 책은 라오스인들의 풍습과 생활방식에 대한 이해와 함께 간략한 역사적 개요 그리고 중요한 문화 정보들을 제공한다. 라오스 정부는 마르크스-레닌주의를 주창하고 있지만, 불교 문화와 전통적인 아시아식 가치관은 라오스인들의 삶, 모든 면에 스며들어 있다. 인구의 대다수는 최근까지도 국가의 탄압이나 외부 세상의 물질 공세, 경제적 압박으로부터 멀리 떨어진 작은 시골 마을에 살고 있다. 라오스인들 개개인은 대립보다는 합의를 추구하며, 삶의 곡절을 매우 잘 받아들이고 있다. 이들에게 질서와 조화는 전통적인 기본 가치다. 많은 라오스인은 가혹한 생활 조건에도 불구하고, 진실되고 친절하며 겸손하다. 그리고 외국인들에게는 다소 사적으로 들릴 수 있는 농담을 던지며 그들에 대한 호기심을 표현하기도 한다. 연장자, 사회적으로 지위가 높은 사람 그리고 고위 당국자들에게는 존경과 경의를 표한다.

이 책의 정보는 라오스에서의 생활경험, 근무경험 그리고 연구를 통해 수집된 것으로 기업인들과 미래의 투자자들에게 매우 유용할 것이다. 방문의 목적이 무엇이든 라오스인들은 당신을 따스하고 정중하게 환대할 것이며, 당신은 이 아름다운 나라에서 완전한 평온을 느낄 것이다. 라오스에서 즐거운 여행이 되길!

공식 명칭	라오인민민주주의공화국	라오스인들은 라오스를 '라오의 나라'라는 의미의 '파테트 라오'라고 부른다.
인구	약 700만 명	인구의 70% 이상이 작은 마을에 거주하고 있다(평균 300명).
수도	비엔티안	지역 구분 방법에 따라 20만~60만 명이 거주하고 있다.
주요 도시	팍세(8만 8,000명), 타케크(8만 5,000명), 사반나케트(6만 6,000명), 루앙프라방(4만 7,000명)	루앙프라방은 고대 왕족의 도시로 유네스코 세계문화유산으로 지정되었다.
면적	23만 7,955㎢(대한민국의 약 2.4배)	가장 높은 산은 푸비아다(2,819m).
국경	북서쪽으로 미얀마(버마)와 중국, 동쪽으로 베트남, 남쪽으로 캄보디아, 서쪽과 남서쪽으로 태국을 접하고 있다.	
기후	열대 지방이고 건기, 우기가 있으며 거의 바람이 불지 않고 내륙에 위치하고 있다.	
통화	라오스 킵	미국 달러와 태국 바트는 비엔티안에서 널리 통용된다.
민족 구성	100개 이상의 민족이 있는 것으로 추정되지만 공식적으로 49개의 민족만 인정되었다.	
언어	공식 언어는 라오스어로 인구의 절반이 사용한다.	약 80개의 언어와 120개의 방언이 사용되는 것으로 추산된다.
종교	공식 종교는 없다.	가장 상징적인 불교 사원은 국가 상징으로 사용되고 있다.
정치 체제	공산주의. 149명의 국회의원이 소속된 단원제 의회.	
전압	230V, 50Hz	미국과 유럽 플러그. 어댑터가 필요하다.
인터넷 도메인	.la	
전화	국가번호 856	해외로 전화할 때는 00을 누른다.
시간	그리니치 표준시를 사용한다(한국보다 2시간 느림).	서머타임이 적용되지 않는다.

01

영토와 국민

라오스의 영토 크기는 대한민국의 약 2.4배다. 영토의 약 80%는 외지고 접근이 어려운 언덕이나 산지이며, 나머지 20%는 저지대로 라오스 인구의 절반 이상이 거주하고 있다. 북서쪽으로 미얀마와 중국, 동쪽으로 베트남, 남쪽으로 캄보디아, 서쪽과 남서쪽으로 태국과 국경을 접하고 있다. 라오스의 인구는 700만 명이며, 평균 연령은 21.6세로 아시아 국가들 중 가장 젊은 나라다.

불과 몇 년 전까지만 해도 라오스는 세계의 마지막 공산주의 국가들 중 하나로 고립되고 정체되어 있었다. 북서쪽으로 미얀마(버마)와 중국, 동쪽으로 베트남, 남쪽으로 캄보디아, 서쪽과 남서쪽으로 태국과 국경을 접하고 있으며 아시아에서 가장 가난한 저개발 국가들 중 하나다.

라오스는 다양한 민족, 눈부신 유산과 같이 다채로운 매력을 지닌 나라다. 전쟁이 주요 원인으로 꼽히지만 이 밖에도 여러 가지 이유로 이제야 세계에 문호를 개방하고 있다. 1991년 소련의 붕괴 이후 라오스(라오인민민주주의공화국)는 끊임없이 변화하며 발전하는 정치, 경제 정세에서 국가의 위상과 정체성 확립을 위해 노력해왔다.

인도차이나 전쟁 중에 태어난 일부 라오스인들은 자신의 생년월일을 모르며, 이들에 대한 공식적인 기록은 없다. 그 당시 라오스인들은 전쟁과 폭력의 고통 속에 놓여있었을 뿐이었다. 오늘날 유엔의 지속가능개발목표는 라오스에 매우 중요하다. 유엔의 지속가능개발목표 중 18대 목표는 전쟁 당시 라오스에 투하되어 땅속에 묻힌 불발탄으로 인한 피해를 줄이려는 구체적인 목적을 갖고 있기 때문이다.

현재 관광, 철도망, 수력발전에 쏟아지는 외국 기업의 대규모 투자는 라오스 정부와 국민에게 영향을 미치고 있다. 하지만 많은 라오스인은 이러한 경제적, 사회적 발전으로 인해 그들의 소중한 전통적 가치를 잃게 될 것을 우려하고 있다.

지형

라오스의 영토 크기는 대한민국의 약 2.4배이며, 메콩강을 끼고 있는 국경선은 5,083km다. 라오스의 수도는 비엔티안으로 1563년에 공식적으로 선언되었다. 영토의 약 80%는 외지고 접근이 어려운 언덕이나 산지이며, 나머지 20%는 저지대로 라오스 인구의 절반 이상이 거주하고 있다.

라오스 북쪽에는 거대한 석회암 산이 있고, 산봉우리들은 2,500m에 이른다. 남쪽의 볼라벤고원에는 커피농장들이 있으며, 남동쪽에서 북서쪽으로 평평하게 뻗어 있는 메콩강 지류에 있는 논들은 매우 비옥하다. 그러나 라오스인들의 생활환경과 일상에 변화를 주고 있는 대규모 단일재배 농장 같은 농업 변혁으로 풍경의 다양성은 급속히 줄어들고 있다. 라오스에서 경작이 가능한 땅은 영토의 단 25%뿐이다. 전체 경작지의

70% 이상에서 쌀이 재배되고 있지만 주변국에 대한 식량 수입 의존도가 매우 높다.

　라오스는 높게 솟아오른 안개 덮인 산, 푸른 초원, 고원, 울창한 숲 그리고 메콩강 유역의 논에 이르기까지 지형적으로 매우 다양하고 아름답다. 그리고 라오스인들은 상냥하고 따뜻한 국민성을 갖고 있다.

기후

라오스의 계절은 일반적으로 건기와 우기로 나뉘며 4, 5월부터 9, 10월까지 우기다. 가장 방문하기 좋은 시기는 덥지 않은 건기이지만 붐비는 때이기도 하다. 또한 우기라고 하더라도 폭우가 오랫동안 지속되지는 않는다.

라오스는 바다와 면하고 있지 않으며, 라오스 동쪽에 있는 산이 베트남 해안에서 불어오는 바람을 막아 바람이 거의 불지 않는다. 이 때문에 특히, 저지대에 있는 비엔티안은 몬순 기간 동안 매우 무덥다. 고원과 산악지대의 날씨는 온화하지만 겨울에는 매우 춥다. 낮과 밤의 온도 차가 크며 따뜻한 옷은 필수다.

몬순이 오기 전 몇 달간, 라오스인들은 강둑을 따라 이어진 건조하지만 기름진 토양에 파종을 한다. 그리고 우기가 시작되면 강물은 다시 범람하고 이 소중한 물은 토양에 활력을 불어넣어 경작을 돕는다.

라오스인들은 새벽부터 해질녘까지 해야 할 일들을 하며 삶을 꾸려나간다. 라오스에는 더운 계절과 더 더운 계절, 두 계절만 있다는 우스갯소리가 있지만, 전국적으로 겨울도 있으며 몇 주간 지속된다. 새해 무렵에는 밤 기온이 10℃까지 떨어질 수 있고 비엔티안과 메콩강 주변 지역에 살고 있는 사람들조차도 추위로 곤욕을 치른다. 이 일시적인 한파 기간 동안 사람들은 해가 지면 외출을 하지 않으며 길거리 노점들도 문을 열지 않는다. 대신 라오스인들은 집에서 따뜻한 수프를 다 같이 나누어 먹거나 모두 둘러앉을 수 있는 작은 모닥불을 피우며 즐거운 시간을 보낸다. 산악지대의 겨울 기온은 훨씬 낮고 상당히 오래 지속되기 때문에 사람들은 어두워지기 전에 집으로 돌아온다.

환경

라오스는 많은 석회암 형성물과 높이 뻗어있는 단단한 거목들로 이루어진 디프테로카프 산림이 있는 열대 기후의 산악지대다. 샴자단나무 불법 벌목과 이에 대한 보호법이 효율적으로 시행되지 못하고 있기 때문에 1차 산림이 많이 남아있지 않다. 보호림은 보호되고 있지 않으며, 벌목된 나무들은 목조가구를 대량 생산하는 제조업자에게 공급된다. 밀렵꾼들을 막을 효과적인 억제책은 불발탄뿐이다.

라오스는 아름답고 훼손되지 않은 환경으로 유명하다. 그러나 관광과 경제, 산업 발전의 영향은 생태계 균형을 뒤흔들

고 있다. 지금도 가끔 '100만 마리의 코끼리의 땅'이라고 불리
지만, 더 이상 100만 마리의 코끼리는 존재하지 않으며, 한때
힘든 벌목 일에 사용되었던 거대한 아시아코끼리도 멸종 위기
에 처해있다.

　나카이고원에 있는 라오스 최대의 자연공원이었던 남테운
국립공원은 수력발전소였던 남테운2댐에 의해 침수되었다. 남
테운2는 라오스 최대의 수력발전 프로젝트다.

【 동식물상 】

라오스 북부는 항상 푸른 활엽수가 있고, 남쪽에는 상록수와
낙엽수가 공존하는 계절풍림이 있다. 그곳은 거칠고 키가 큰
풀, 야생 바나나, 대나무로 뒤덮여 있으며 매우 다양한 종류의
난초와 야자수가 있다.

　인도에서는 종교적인 의미를 지닌 포환나무 또는 쿠루피타
지아넨시스라고 불리는 나무를 조심해야 한다. 이 나무들은
비록 아름답고 향기로운 꽃을 피우지만 그것의 크고 둥근 과
일은 나무에서 떨어질 때 '쿵' 하며 떨어진다. 이런 특징 때문
에 쿠루피타 지아넨시스라고 불리는 나무는 매우 흔하다. 비
엔티안의 '왓 씨 므앙'과 같이 수년에 걸쳐 도시의 일부가 된

사찰 근처에서 이 식물들을 찾아볼 수 있다.

라오스는 200여 종의 포유류와 700종 이상의 새들의 서식지다. 원숭이, 쥐, 사슴은 정글에 살고 있는 대표적인 포유류이며 코끼리, 코뿔소, 호랑이, 표범은 멸종 위기에 처해있다. 긴팔원숭이와 들창코원숭이는 라오스 고유의 종들이다. 라오스는 주변국보다 인구가 적고 숲이 많기 때문에 이러한 이국적인 동물들이 발견되기도 한다. 표범, 호랑이, 아시아흑곰 그리고 자바몽구스가 이에 속한다. 멸종 위기에 처한 민물고기 이라와디 돌고래는 라오스와 캄보디아 국경과 접한 메콩강에 서식하며 또한 배(돈콘섬에서 탈 수 있는 배) 위에서도 쉽게 관찰된다.

그 밖에 곤충, 개구리, 도마뱀, 뱀과 같은 파충류들도 무수히 많으며 물새, 앵무새, 명금들이 다른 조류들과 함께 메콩강 저지대 근처에서 서식하고 있다.

【 메콩강 】

메남콩으로도 알려진 라오스의 메콩강은 4,350km의 길이로 세계에서 12번째로 긴 강이며 동남아시아의 심장부를 관통해 흐른다. 이 강의 근원은 티베트고원에 있으며 중국, 미얀마, 라오스, 태국, 캄보디아, 베트남을 관통한다. 메콩강에는 매우 다

양한 생물이 존재한다. 하지만 계절에 따라 유량의 변화가 심하고, 급류와 폭포, 댐이 많아 항해에 어려움이 많다. 우기에는 나무줄기 같은 엄청난 양의 자연 잔해들이 항해뿐만 아니라 수영조차도 위험하게 만든다. 이러한 이유로 마을 아이들만 강에서 수영을 한다. 신화 속에 나오는 '나가'라고 불리는 물뱀은 메콩강에서 유래하며, 그 이미지는 직물에서 사찰에 이르기까지 자주 등장한다. 많은 기업이 이 물뱀의 이름을 이용해 회사 이름을 짓는다.

메콩 분지는 아마존 다음으로 세계에서 생물의 다양성이 풍부한 지역으로 잘 알려져 있다. 약 2만 종의 식물, 430종의 포유류, 1,200종의 조류, 800종의 파충류, 850종의 어류가 서식하고 있는 것으로 추정되며 어류의 87%가 회유한다. 이곳은 지구상의 어떤 강에서도 볼 수 없는 거대 어류들의 서식지이기도 하다.

　메콩강 지류의 댐 건설은 강을 통한 수송이나 회유하는 어류의 진로를 방해한다. 현재 라오스에는 전기 발전을 위해 물을 저장하거나 전환시키기 위해 댐을 사용하고 있으며 이와 관련하여 15개 이상의 수력발전 프로젝트가 있다. 비록 댐은 경제 성장을 위한 필수적인 요소로 활용되고 있지만 홍수와 물 전환은 환경과 오래된 지역 산업 모두에 영향을 미치고 있기 때문에 논란이 되고 있다. 물고기들이 장애물에 방해받지 않고 상류로 올라갈 수 있도록 일종의 선반 같은 역할을 하는 '어도'나 '엘리베이터'가 댐을 따라 만들어졌다. 하지만 이러한 조치도 효과적이지 않다. 예를 들어 보호종으로 분류되는 메콩 메기는 강물의 깊이가 충분치 않아 회유에 방해를 받고 있으며 이에 멸종 위기에 처해있다. 메콩강위원회는 상업적인 목적으로 강을 관리하고 있긴 하지만, 강을 보호하기 위한 보호법은 따로 마련되어 있지 않다. 여러 지점에 6개의 거대한 다리가 메콩강을 가로질러 건설되었다.

비엔티안의 강변은 지난 10년간 몰라보게 변화했다. 모래언덕에 위치한 멋진 지역 식당 몇 곳이 남아있긴 하지만, 지금은 조깅 코스와 운동기계들이 완비된 콘크리트 산책로(홍수로부터 도시를 보호하기 위해 지어짐)가 있다. 전통적이고 훼손되지 않은 매력을 지닌 강가와 가까운 도시와 시가지의 스카이라인은 고층 건물들과 수많은 전기 철탑으로 점차 메워지고 있다.

국민

아시아에는 세계 인구의 절반 이상이 살고 있지만, 1960년에 라오스의 인구는 200만 명에 불과했다. 하지만 지금은 700만 명에 이른다. 평균 연령은 21.6세로 아시아 국가들 중 가장 젊은 나라다. 대부분은 메콩강 계곡이나 그 지류에 퍼져 살고 있으며, 인구 분포가 고르지 못하다.

깨끗한 물과 의료 서비스를 쉽게 이용할 수 있게 되면서 기대수명은 2007년 54세에서 2016년 65세로 늘었다. 라오스 농림연구원NAFRI에 따르면, 인구의 70% 이상이 작은 농촌 마을에 살고 있으며, 마을마다 평균 300여 명의 주민이 살고 있다.

　　라오스의 인구는 700만 명 정도이며 '이산'이라 불리는 사
람들이 메콩강 건너 태국에 살고 있다. 한 가지 특이한 점은
이들은 라오스 민족과 밀접한 관련이 있으며 이산 라오, 타이
이산, 타이-라오 또는 라오-이산이라고도 불린다. 이러한 상황
은 1907년 프랑스 시암 조약으로 라오스와 태국의 국경이 공
식화되면서 비롯된 것이다.

【 주요 민족 】

라오스에는 49개의 민족이 살고 있다고 공식적으로 인정되
만, 많은 자료에 따르면 100개 이상의 민족이 존재하는 것으

로 추정된다. 각각의 민족은 고유의 언어나 방언, 관습, 문화, 고대 전통을 보존하고 있다. 인구의 절반 이상이 라오룸 즉, 하층민으로 65%를 차지하고 있다. 두 번째로 많은 민족인 라오퉁은 인구의 22%를 차지하고 몽족과 야오족 등을 포함한 민족인 라오숭이 9%를 차지한다. 나머지 민족들은 주변국에서 건너온 이주민들이다(2015년 인구조사).

관습적인 행동 규범은 엄격하고 대부분의 민족이 화전식 농업을 하며 생계를 이어가고 있다. 과거에는 환금 작물로 아편을 재배하기도 했다. 민족 집단은 각각의 공동체 안에서 사는 것이 일반적이지만, 민족 간 문화와 종교에 공통분모가 있고 교혼이 이루어지기 때문에 공존하여 살아갈 수밖에 없다.

이렇게 서로 다른 민족들은 1975년 전후로 민족 구분 없이 의무적으로 군복무를 하기도 했다. 하지만 세계화와 현대화는 이 독특한 사회구조를 위태롭게 하고 있다.

2016년 최초로 라오스를 방문한 미국의 오바마 대통령은

당시 다양하고 다민족적인 국가 자체가 '라오스 국민'이라고 언급하면서 많은 이의 손을 거친 문화적 풍부함에 찬사를 보낸 바 있다. 라오스인을 가르키는 '레이오션'이라는 용어는 라오스에서는 거의 사용되지 않는다.

라오스계 미국인, 라오스계 프랑스인

나라를 떠나도록 강요받거나 나라를 떠나기를 선택한 라오스 출신의 많은 사람이 일반적으로 이 범주에 속한다. 그들은 해외의 라오, 라오스계 미국인, 라오스계 프랑스인, 레이오션으로 알려져 있다.

라오스 출신의 이주자들은 새로운 나라로 이주하기 전에 난민 수용소를 거쳤으며 살아남기 위해 고군분투했다. 그들은 미국이나 프랑스 국적을 취득했음에도 불구하고, 대다수는 사찰을 참배하고, '람봉'이라 불리는 전통 춤을 추면서 조상을 기리고 그들의 유산을 지켜나가고 있다.

왜 그렇게 많은 라오스인은 호주, 뉴질랜드, 영국, 일본, 프랑스령 기아나 같은 나라에 라오스 난민 공동체가 있다는 것을 알면서도 미국인, 캐나다인 또는 프랑스인이 되었을까? 공산주의 정권 동안 '흐몽'이라 불리는 비밀군의 생존자들을 포함해 학자들과 엘리트들이 망명했다. 프랑스와 미국 두 나라는 라오스 전쟁에 참전했는데 특히 흐몽은 디엔비엔푸 전투에서 프랑스와 함께 싸웠고 후에 비밀 전쟁에서는 미국 편에 섰다. 이렇게 라오스에 일종의 '빚'이 생긴 프랑스와 미국은 라오스인들의 이주를 용이하게 해주었고 약 10만 명이 미국으로 이주했다.

다른 라오스 민족은 프랑스에서 난민 신분을 얻기 위해 노력했다. 많은 이들은 프랑스의 '원죄 없는 마리아 수도회OMI'의 신부 이브 베르트라스를 따라 남아메리카에 있는 프랑스령 기아나로 갔고 프랑스는 그들이 그곳에서 정착할 수 있도록 독려했다. 이곳에 도착한 이후로 흐몽족은 과일과 채소를 독점적으로 재배해왔고 많은 이들은 그들을 지역 민족이라고 생각했다. 사실상 프랑스령 기아나는 다양한 민족의 고향이 되었다.

몇몇의 라오스 민족은 맨손으로 기아나에서 프랑스(기후는 기아나와 비슷함)로 이주했다. 게다가 이들은 문자로 기록된 적도 없는 언어를 구사하고 있었다. 하지만 이 놀라운 사람들은 프랑스 국적을 받았고 점차 새로운 환경에 적응하게 되었다. 오늘날 그들의 자녀들은 프랑스어를 읽고 쓰게 되었고, 몇몇 아이들은 모국어를 모른다. 라오스 유산이 남아있는 이국적인 기아나가 그들의 '고향'이 되었지만, 아이들은 프랑스 대학에서 학위를 따며 그들의 삶을 진취적으로 일궈나가고 있다.

다른 라오스 민족들은 호주나 캐나다 같은 나라로 이주하기도 했다.

역사적 개관

라오스의 역사를 되짚어보는 데 어려움 중 하나는 기록이 부족하다는 것이다. 고고학적 발견, 말린 야자 잎에 쓰인 글자들, 주변국과 식민지 시대의 기록 등이 있다고 해도 신뢰할 만한 문자 정보는 거의 없다. 라오스는 너무나 오랫동안 고립된 내륙 국가였고, 세상에 거의 알려지지 않았다. 많은 사람이 문맹이었고, 그들의 역사는 구전으로 전해질 뿐이었다. 세계화가 반드시 누구에게나 라오스에 대해 잘 이해할 수 있도록 도움을 주는 것은 아니다. 오히려 인터넷에는 '사실'이라고 하는 정확하지 않은 정보들이 많기 때문이다. 민속 부족들은 구전을 점차 잃어가고 많은 라오스인은 그들의 역사에 대해 알지 못할 것이다. 프랑스로부터 독립된 연도가 1949년, 1953년(가장 많이 사용됨) 혹은 1954년인지에 대한 합의조차 없다.

라오스는 초기 왕조 통치에서부터 프랑스 식민 통치, 왕실 국가주의 그리고 혁명적 사회주의에 이르기까지 많은 정치적 변화가 있었다. 라오스의 지정학적 강점은 동남아시아에서 가장 큰 콘 폭포와 라오스의 젖줄 메콩강과 같은 보기 드문 자연적 특징이라고 할 수 있다. 이러한 자연적 특징은 침략자들을 막는 장벽 역할을 했다. 이러한 강점에도 불구하고 지난 2세기 동안 라오스의 정치적인 힘은 다른 나라들의 외압으로 인해 서서히 퇴보해왔다.

【 초기역사 】

기원전 3000년쯤 라오스에 공동체가 살았었다는 고고학적 증거가 남아있으며 현존하는 도자기와 금속으로 만들어진 물건들은 그들이 이 땅에서 살았다는 증거가 된다. 기원전 8세기부터 기원후 2세기까지 북쪽의 항아리평원이라 불리는 거석이 있는 지역 주변에서 내륙무역이 시작되었다. 이 신비로운

돌항아리들은 철기 시대의 석관일 수도 있고 아닐 수도 있다 (기원전 500년~기원후 800년). 전통에 따르면 란쌍 지역은 기원후 700년 말쯤 태국, 버마, 베트남, 크메르와 간간히 전쟁을 치른 란쌍의 왕 토아쿤에 의해 처음 언급되었다.

【 크메르 제국의 한 지방에서 란쌍 왕국까지 】

라오스 지역은 약 4세기 동안 크메르 제국의 한 지방이었다가 1353년에 처음으로 연합되었다. 14세기 이후부터 기록으로 남겨졌으며 그 이전의 역사는 전설과 신화뿐이다. 수많은 영토를 정복하고 란쌍 왕국을 세운 위대한 전사 파응움에 의해 라오스의 역사가 기록되기 시작
했다. 그는 행정체계와 군사조
직을 치밀하면서도 효율적으
로 발전시켰으며 주변국들과도
활발하게 상거래를 했다.

앙코르 크메르 군주의 도움
을 받은 파응움은 이미 '인디
언화'되어 있었던 메콩강 상류
지역에 크메르 문명을 퍼트린
것으로 알려져 있다. 그는 또한 앙코르에서 온 크메르 선교사
를 통해 테라바다 불교를 받아들이기도 했다.

1373년 파응움은 삼센타이로 더 잘 알려진 그의 아들 운흐
안에게 왕위를 계승했다. 그는 아버지의 통치 정책에 따라 주
변국들과 전쟁을 시작했다. 베트남이 침략하기 전까지 모든 것
은 순조로웠다. 1500년대 중반부터 시작된 전쟁은 약 2세기
동안 태국의 왕국 프라나콘시아유타야(현재 유네스코 세계문화유산
으로 지정됨)뿐 아니라 버마와도 갈등을 초래했다.

란쌍 왕국은 독실한 불교 신자였던 포티사라트 시대에 최
대로 영토를 확장시켰다. 그의 아들 세타티라트는 처음으로

태국 북부 치앙마이(치엥마이, 즉 란나)에서 왕이 되었다. 그는 1560년 라오스 수도를 루앙프라방에서 비엔티안으로 천도하고 대규모 건설 계획을 착수시켰다. 그러나 그가 사망하고 몇 년 후 미얀마는 비엔티안(1574년)을 점령하고 나라를 황폐화시켰으며, 1637년 술리야웡사가 왕위에 올라 질서를 회복시킬 때까지 무정부 상태였다.

【 왕국의 황금기와 분열 】

술리야웡사(1613~1694년)가 재위했던 시대는 란쌍 왕국의 황금기였으며, 이때 처음으로 유럽 탐험가들이 라오스를 방문했다. 술리야웡사는 예술계의 후원자이자 불교계의 든든한 수호자였으며, 새로 천도된 수도에 불교 교육을 도입하며 라오스의 '황금기'를 맞았다. 그러나 그는 왕위 계승자가 없이 1685년 사망했다.

　내분으로 1707년 란쌍 왕국은 북쪽의 루앙프라방(현재의 라오스 위쪽)과 남쪽의 비엔티안(라오스 아래쪽)으로 분열되었다. 강력했던 주변국들은 라오스의 분열을 기회 삼아 침략했다. 비엔티안은 1828년 시암(태국)에 의해 합병되었고, 루앙프라방은 중국과 베트남의 속국이 되었다.

【 인도차이나 vs 프랑스령 인도차이나 】

인도차이나라는 용어는 역사적, 문화적 영향을 받긴 했지만 정치적이라기보다는 지리적으로 관련이 있다. 오늘날 인도차이나는 캄보디아, 미얀마뿐만 아니라 (때로는) 말레이시아 반도와 심지어 싱가포르 그리고 현재의 베트남, 라오스, 태국을 포함하는 동남아시아로 알려진 대륙을 말한다.

　후에 이 용어는 베트남, 라오스, 캄보디아, 단 세 나라를 일컫는 프랑스령 인도차이나 식민지를 부르는 이름으로 사용되었다.

【 프랑스 통치 시대 】

19세기 말 라오스는 프랑스령 인도차이나 중 한 국가가 되었고 1953년에 독립했다. 1893년에 이미 베트남 중부와 북부 지역에 보호령을 세운 프랑스는 비엔티안부터 루앙프라방까지 통치했다. 그 결과 라오스는 오늘날의 캄보디아와 베트남 지역인 통킹(베트남 북부), 안남(베트남 중부), 코친차이나(베트남 남부, 메콩강 삼각주 주변)와 함께 하노이에 본부를 둔 총독의 지휘하에 인도차이나 연합의 일부가 되었다.

프랑스는 1899년 혹은 1900년부터 연합된 영토로서 라오스를 통치했다. 그러나 라오스 북반부는 엄밀히 따지면 보호령이었고 남반부는 식민지였다. 1941년이 되어서야 루앙프라방 왕국은 라오스의 왕국이 되었다.

제2차 세계대전 동안 프랑스의 비시 정부 아래 프랑스 식민 권한은 계속되었다. 유럽에서 전쟁이 끝나갈 무렵 비시 정부는 붕괴되었고 일본이 라오스의 통치권을 장악했으며 일본이 패망한 후에 프랑스가 다시 통치했다. 이 전쟁에서 프랑스의 위신은 크게 떨어졌다.

【 제1차 인도차이나 전쟁(1946~1954년) 】

이 전쟁은 프랑스 인도차이나 전쟁이라고도 알려져 있다. 1945년 프랑스에서 유학을 한 베트남 민족주의 지도자 호치민은 독립을 선언했지만 프랑스는 베트남의 독립을 반대했다. 이에 호치민은 라오스 국경에서 15km 떨어진 디엔비엔푸 지역에서 게릴라전을 일으켰고 베트남의 승리로 끝났다. 당시 프랑스군 사령관은 앙리 나바르였다. 전쟁은 대부분 베트남 북부 통킹에서 벌어졌지만 그 영향은 전국적으로 확산되었으며 주변국이었던 라오스와 캄보디아에까지 영향을 미쳤다.

자유 라오스, '라오 이사라'는 프랑스 식민 통치에 반대하는 정치 운동으로 1945년 창시되었다. 1945년 라오스에서 일본이 철수하면서 프랑스 통치 회복 문제를 두고 라오스의 지배 계층의 의견이 갈렸다. 1949년 프랑스 연합의 제한적 독립 승인은 라오 이사라를 분열시켰다. 망명지에서 라오스의 왕권주의 정부로 돌아와 프랑스 연합과 함께 반쪽 자치권을 누린 파가 있었고 북베트남과 연합해 파테트 라오라는 공산주의 단체를 설립한 파로 나뉘었다.

[제네바 협정]

1954년 7월 제1차 인도차이나 전쟁을 공식적으로 종결시킨 제네바 협정에서 라오스는 독립된 통일왕국으로 선언되었으나, 분열된 국가는 3개의 파벌에 의해 혼란이 가중되었다. 또한 이 협정은 베트남을 북쪽은 공산주의 그리고 남쪽은 비공산주의로 나뉜 분단국가로 만들었다. 사람이 거의 살고 있지 않았던 동북 지방은 친공산주의자인 파테트 라오 게릴라들의 재결집 지역이 되었다. 반면에 캄보디아의 영토는 그대로 남아 있었다. 그 당시의 미국의 정책과 냉전은 앞에서 언급한 세 비공산주의 정부가 공산주의의 확산을 억제할 것이라는 것을 의미했다.

【 '3명의 왕자'의 라오스 통치권을 둔 정치적 분쟁 】

1300년대 라오스 군주제 당시 '라오스 3명의 왕자'의 정치 분쟁은 공산주의자 파테트 라오에게도 권력을 주게 되었고 이는 1960년대부터 1970년대까지 이어졌다. 수많은 왕족은 프랑스로 건너가 살았다.

라오스 통치를 놓고 벌였던 정치 분쟁은 수바나 푸마 왕자와 그의 이복동생 수파누봉 그리고 참파사크 왕국의 분 움을 말하는 '라오스 3명의 왕자' 사이에서 벌어졌다. 일부는 여전히 이 세 사람을 식민지 시대 이후 라오스의 가장 중요한 정치 지도자들로 간주하지만 근본적으로 이들은 서로 다른 정치적 견해를 갖고 있다. 수바나 푸마 왕자는 분열된 파벌을 하나로 모으기 위해 최선을 다한 실용주의적인 총리였다. 그의 중립적 태도는 미국 대통령 존 F. 케네디와 1961년 제네바 협정에서 지지를 받았다. 수파누봉은 사회주의 혁명가들을 전폭적으로 지지했고 이 때문에 '붉은 왕자'라고 불렸다. 그리고 공산주의를 극렬히 반대한 보수파 분 움 왕자가 있었다. 소련

과 북베트남군의 지원을 받아 파테트 라오 공산주의 세력은
1975년 왕실 정부를 장악했다.

【 제2차 인도차이나 전쟁(1954~1975년) 】

흔히 '베트남 전쟁'으로 알려져 있는 이 전쟁을 베트남에서는
'미국 전쟁'이라고도 한다. 이 전쟁은 큰 지역에서 벌어진 분쟁
의 일부였으며 또한 미국, 소련 그리고 이들의 동맹국들 간의
냉전 징후였다.

　1954년 프랑스 식민 정부를 상대로 한 전쟁에서 승리한 후
소련과 중국의 단일 공산정권을 모델로 삼으려고 했던 북베트
남의 의도가 분쟁의 원인이었다.

북베트남은 소련, 중국, 동구권 동맹국들의 지원을 받았으며 동시에 남베트남과 미국 그리고 그들의 동맹국인 한국, 태국, 심지어 호주와 뉴질랜드와 전쟁을 벌였다. 가장 중요한 전투 중 일부는 고산족이 거주하는 라오스의 북동쪽 산간 지역에서 일어났다. 원주민이었던 많은 흐몽족은 라오스에서 북베트남을 몰아내기 위해 반공군에 가담했고, 일부 크무족과 미엔족도 이에 뜻을 같이했다. 라오스에서는 제1차, 제2차 인도차이나 전쟁(1946~1975년)을 30년 전쟁이라고도 부른다.

【 왕권을 탈취한 공산주의자 대통령 】

베트남 전쟁이 끝나면서 라오스인민전선으로 개칭한 파테트라오가 권력을 장악하고, 1975년 12월 2일 라오스를 민주공화국으로 선포했으며, 1955년 창당한 라오인민혁명당(1972년까지 라오인민당이라고 불림)을 유일한 합법 정당으로 내세웠다. 그들이 혁명을 바라보는 관점은 베트남과 같았다. 라오스 지도자들은 베트남의 공산주의 동맹국들과 오랫동안 긴밀한 관계를 맺고 있었으며 또한 이들은 정당을 창당하기 전 인도차이나 공산당 소속이었다. 대부분은 베트남어를 했고, 일부는 베트남인과 가족관계를 맺었다. 당의 총비서인 카이손 폼비한의 아버지는 베트남인이었으며 서열 2위의 누하크 품사반과 수파누봉 왕자는 베트남인 부인을 두었다.

그리하여 600년 된 군주제는 폐지되었고, 1959년 아버지로부터 왕위를 물려받았으나 사방 바타나는 공식적으로 왕위에 오른 적이 없으며 바로 폐위되었고 이후 '재교육 처분'을 받았다. 카이손 폼비한은 수상이 되었고 수파누봉 왕자는 대통령에 취임했다.

【 라오스에 대한 우려 】

1954년의 제네바 협정에서 베트남은 북위 17도를 기준으로 분할되었으며, 독립국으로서의 지위를 인정받았다. 이에 친공산주의 파테트 라오의 일원들은 삼누아와 퐁살리의 북쪽 지방에 집결했다. 프랑스는 왕립 라오스 군대를 훈련시키기 위해 라오스에 소규모의 군대를 주둔시킬 수 있게 되었다.

미 중앙정보국CIA에 따르면, 라오스는 비공산주의 국가로 남아있음으로써 미국의 정치적 요구에 응한 것이라고 명시하고 있다. 라오스는 미국이 우려한 동남아시아 국가들 중 하나였다. 비록 라오스는 서구 사회에 있어 본질적 가치는 거의 없었지만, 지리적 위치는 동남아시아 냉전의 중심이었다. 도미노

이론에 따르면 라오스가 공산주의자들에게 넘어갔다면 태국이 그다음이 되었을 것이다. 그리고 태국의 붕괴는 동남아시아를 공산주의 체제로 이끌었을 것이고 그 이상의 결과를 초래했을지도 모른다.

【 비밀 전쟁 】

라오스에서 벌어진 미국의 비밀스럽고 조용한 전쟁은 여전히 CIA 내에서도 가장 큰 준군사 작전으로 기록되어 있다. CIA가 비밀리에 소유한 민간 항공사, 에어아메리카는 라오스에서의 CIA 활동에 중요한 역할을 했다. 이는 여전히 민감하고 논쟁의 여지가 있는 사안이지만, 2016년 라오스 공식 방문에서 이루어진 오바마 미국 대통령의 연설 덕분에 비극적인 사건으로 인식되고 있다. "1964년부터 1973년까지 9년간 미국은 제2차 세계대전 동안 독일과 일본에 투하한 폭탄보다 더 많은 200만 톤 이상의 폭탄을 라오스에 투하했다. 그 결과 라오스는 역사상 가장 많은 폭격을 맞은 나라가 되었다. 어느 라오스인이 '폭탄이 비처럼 쏟아졌다'고 말한 것처럼 마을과 골짜기는 폭격으로 소실되었다. 고대 항아리평원은 파괴되었고 수많은 민간인이 목숨을 잃었다. 그리고 그 갈등은, 원인이 무엇이든 의도가 무엇이든 간에, 무고한 남성과 여성, 아이들이 희생된다는 것을 상기시켜준다. 나는 그 갈등으로부터 초래된 모든 고통과 희생을 인정한다."

이 대규모 폭격은 너무나도 명백하게 '비밀'이 아니었다. 비엔티안에서도 미국의 개입을 알고 있었고, 국제 언론에서도 부분적으로 이 사안을 다루었다. 결국 이는 세상에 드러났고 의회의 조사까지 받게 되었다. 그러나 부분적으로는 미국의 공식적인 부인과 대중의 무관심 때문에 라오스에서 벌어진 미국의 전쟁에는 아직도 '비밀'이라는 꼬리표가 붙어 있다.

공산당은 1975년 4월 캄보디아(크메르루주에 의해)와 남베트남(베트콩에 의해), 1975년 12월 라오스(파테트 라오에 의해)를 점령했다.

【 프랑스의 유산 】

프랑스의 보호령이었을 당시 라오스의 인구는(1900년 47만 명의 거주민이 있었다) 매우 적었고, 인도차이나에서도 빈국으로 여겨졌다. 인도차이나 연합에서 프랑스어는 공무원들이 사용하는 언어였고, 학교에서도 제1외국어는 프랑스어로 그들의 유산은 여전히 곳곳에 남아있다. 라오스 전역, 주로 루앙프라방, 비엔티안, 팍세와 몇몇 다른 도시 지역 주변에 살고 있는 200여 가정에서 선발된 라오스 엘리트들은 프랑스어를 사용했고 프랑스 문화에 동화되었기 때문에 분명히 그 차이가 드러났다.

이 시기에 프랑스는 단지 10km 길이의 철도만 건설했으며, 이는 라오스인들이 국가의 경제적 이익에는 관심이 없었음을 여실히 보여준다.

【 전쟁이 남긴 불발탄과 금속 】

라오스는 세계에서 집속탄의 영향을 가장 많이 받는 나라라는 불명예스러운 상황에 처해있다. UXO는 일반적으로 폭발하지 않은 불발탄을 말하고 버려진 폭발물은 유기탄(AXO)이라고 한다. 수년에 걸쳐, 눈치 빠른 지역민들은 폐기용 또는 재활용을 목적으로 회수된 포탄의 금속을 사용해 약간의 경제적인 이익을 취했다. 이렇게 모아진 금속은 보석, 장식품, 항아리, 칼, 도구 그리고 울타리와 건물을 건설할 때도 활용되었다. 방문객들은 불발탄의 위험으로부터 사람들을 안전하게 지키기 위해 불발탄으로 만든 기념품 구입을 자제해야 한다.

불발탄으로 인해 벌어진 사건들은 여전히 일부 지역, 특히 항아리평원과 베트남과 접한 라오스의 국경 인근에 있는 시골 지역에서 주요한 문제로 남아있으며, 사람들은 안전한 길을 나타내는 하얀색으로 표시된 지역 안에 머물 수 있도록 삼엄하게 통제된다. 그 이후로도 총기 회수는 계속 시행되어 민간인들이 소지하고 있는 총기 수가 크게 줄었다.

떨어진 집속탄은 한 번도 폭발한 적이 없다. 전쟁이 끝난지 40년 이상 지났지만, 불발탄은 18개 지역 중 15개 지역 마을의 약 25%에 영향을 미치고 있다. 시엥쿠앙 지역은 라오스 남부 지방과 함께 가장 폭격을 많이 받은 지역 중 하나로 호치민 트레일의 일부였고 전쟁 중 베트남으로 물자가 유입되었던 지역으로 무차별적인 융단폭격을 당했다. 특히 시엥쿠앙 지역을 비행할 때 보이는 땅에 파인 분화구는 명백한 폭격의 증거이며 분화구 중 몇 개는 연못이 되었다.

국기와 상징

라오스 국기의 역사는 1953년으로 거슬러 올라가는데, 이때는 왕실과 파테트 라오가 정치권력을 차지하기 위해 분쟁했던 시기로, 파테트 라오가 정권을 장악하기 전에 왕실과 연합해 왕권을 계승받았다. 이때 왕실은 왕족 휘장인 삼두三頭 코끼리가 그려진 붉은 기와 의례용 우산을 사용했다. 파테트 라오의 깃발 디자인은 푸른색 배경에 상단과 하단에 붉은색 줄무늬가 있고 가운데에는 흰색 원반이 그려져 있었다. 이것은 군주가 퇴위하던 1975년 라오인민민주주의공화국의 국기가 되었는데, 붉은색은 자유를 얻기 위해 인민이 흘린 피를 상징하고 푸른색은 국민의 번영과 부 그리고 메콩강을 상징한다. 오늘날 라오스는 국기에 오각별 모양이 없는 유일한 공산주의 국가다.

태국의 국기와 매우 닮았지만 하얀색 원반은 보름달을 상징한다. 대영백과사전에 따르면, 하얀색 원반은 제2차 세계대전에서 라오스의 독립을 도운 일본인을 기리는 것이고 또한 나라의 밝은 미래를 상징하는 것이라고 하기도 한다.

독 참파, 플루메리아 루브라 또는 프란지파니라고 불리는 그윽한 향을 내뿜는 꽃은 라오스의 국화다.

【 란쌍 왕국 vs 라오인민민주주의공화국 】

라오스의 원래 명칭은 '100만 마리의 코끼리와 흰 파라솔의 왕국'으로 라오스의 전통적인 상징에 바탕을 두고 있었다. 라오스의 첫 번째 신화적인 통치자였던 파응움 왕은 동남아시아 사람들이 숭배하는 하얀색 코끼리를 타고 왔다. 그리고 파라솔 즉, 왕실의 우산은 왕의 의례용 상징물에서 매우 중요한 역할을 했다. 붉은 들판의 삼두 코끼리와 하얀색 파라솔은 1893년 프랑스의 보호령이 된 루앙프라방 왕국과 1947년 5월 11일 라오스 왕국에서도 선택되었다.

【 망치와 낫 vs 탓루앙 】

오늘날 라오스의 국가 문장은 헌법에 정의되어 있으며, 현재 버전은 1991년 국제무대에서 정치적 변화를 반영하기 위해 수정된 것으로 공산국가를 상징한다. 상단에 있었던 붉은색의 별, 망치, 낫을 대체한 황금색 사리탑은 국가의 사당, 파탓루앙의 중요성을 나타낸 것이다. 라오스가 세계의 몇 안 되는 공산주의 국가 중 하나임에도 불구하고 헌법에 의해 불교 사당이 국가의 문장으로 인정된 데는 불교의 종교적 가치로 여긴다기보다는 하나의 문화로서 보여주기 위함으로 이해된다.

도시와 농촌의 분열

라오스는 상대적으로 생활수준이 낮고 최근까지도 국민의 70%가 농업, 어업, 임업에 종사하며 농촌과 강가에 거주하고 있었다. 그러나 대규모로 성장 중인 산업, 인구 증가, 날씨 변화, 이주 등 몇 가지 요인에 의해 농업과 어업의 지속가능성에 대한 우려가 커지고 있다. 이것은 도시와 농촌의 분열 상황이 변화하고 있다는 것을 의미한다. 농부들은 더 이상 경제적 이익을 얻을 수 없는 땅을 떠나야 했고, 토양의 질을 떨어뜨리지만 생존을 위해 환금성이 있는 작물들을 재배했다. 나라의 경제적 이익을 위해 추진되고 있었던 여러 가지 이론적인 계획들을 실행시키기 위해 많은 농민과 어민은 그들의 생활 터전을 떠나야 했다. 그들은 더 외딴 농촌에서 일거리를 찾거나 젊은이들은 좋은 교육을 받고 농업이 아닌 다른 분야에 종사함으로써 도시에서의 더 나은 삶을 열망했을지도 모른다.

이제 그곳에는 1800년대 후반 프랑스 탐험가 가르니에와 파비에가 메콩강 탐험 중에 묘사했던 강을 따라 흔들리는 야자수 아래에 있는 집들, 둑에서 씻고 있는 여자들과 같은 풍경들은 사라지고 없다. 대신 사람들은 신선한 물고기를 잡고

가까운 논에서는 쌀을 경작한다. 오늘날, 많은 사람이 길가에 지어진 전기케이블과 위성 안테나가 있는 집에 살고 있고 돈벌이를 거의 하지 못한다. 물론 강가 마을의 풍경과 매력은 여전히 경험할 수 있다.

1990년대 초 소련 정권이 붕괴된 후 라오스에서 핵심적인 역할을 하던 러시아가 라오스를 떠난 뒤, 여러 나라가 서로 다른 입장을 취하며 관여하게 되었다. 스웨덴은 1977년 임업, 도로, 보건 부문을 지원하기 위해 개발사무소를 설치했고, 그 뒤를 이어 각종 협력 사업들을 추진했지만 2007년 완전히 철수했다. 현재는 미국, 호주, 일본, 중국까지 라오스에 진출했고 투자에도 관심을 보이고 있다.

정부

라오스는 단원제 의회로 149명의 국회의원으로 구성된 일당 국가다. 현 의회는 2016년에 5년 임기로 선출되었다. 집권당인 라오인민혁명당은 5년마다 의회를 연다. 라오인민혁명당은 중앙위원회와 정치국을 임명한다. 총리(국회는 아니지만 정치국 및 중앙위원회 소속)는 18개 부처와 3개 부처에 해당하는 기관의 행정을 이끌고 있다. 라오스의 18개 지역은 도지사가 관리하고 있다. 구는 구청장이, 공식 행정구조의 최하위급인 촌은 마을 위원회를 이끄는 촌장이 관할한다. 대부분의 부처는 도와 구에 따라 사무소를 두고 있다.

경제

라오스는 가난한 내륙 국가이며 여전히 중국과 베트남의 지원을 받는 공산주의 국가로 1980년대 말부터 자본 투자를 받기 시작했다. 1997년에는 아세안(동남아국가연합)의 회원국이 되었으며, 이를 통해 다른 국가들과의 합작 사업에 참여할 수 있었고, 외국인 투자자들에게 안정적인 경제적 틀을 제공할 수 있었다. 2013년에 WTO에 가입했으며 2015년에는 아세안경제공동체AEC가 설립되어 회원국 간의 상품, 서비스, 노동력, 투자가 자유로워지면서 지역 협력이 더욱 공식화되었다.

지난 10년간 라오스의 GDP 성장률은 평균 7.8%로 주로 물, 광물, 삼림 등 천연자원의 개발에 기인한다. 2017년 경제성장률은 투자와 관광업이 소폭 감소하면서 둔화되었지만 농업에 관련된 일자리가 제공되면서 메워졌다.

지역 경제는 소매, 수공예, 개인 서비스 같은 소규모 가족 사업으로 구성되어 있으며, 주로 집이나 집 주변의 가까운 곳에서 운영된다. 주변국의 시장과 치열한 경쟁을 하면서 기관투자 지원, 자원, 물류, 금융 그리고 전문지식과 같은 기술 부족 문제가 드러났다. 정부는 일자리 창출과 가계 소득 증대라는 가족 사업의 중요성을 인식하고, 지역 사회가 그들의 재능과 자원을 잘 활용할 수 있도록 장려하고 있다. 또한 라오스 내 민간 부문과 주요 국제기구들과의 훈련과 협력을 강조하고 있다.

라오스는 현재 저개발국LDC에 속한다. 정부는 2020년에는 이 범주에서 벗어날 수 있을 것으로 기대했지만, 전문가들은 빨라야 2024년이 될 것으로 예상하고 있다. 이미 주변국들은 풍부한 영토 대비 적은 인구를 가진 라오스를 엄청난 잠재력이 있는 성장 가능성을 가진 사업 기회의 장으로써 여기고 있다. 현재 많은 웹사이트와 광고에서 라오스에 대한 투자를 촉진하고 있으며, 라오스는 아세안에서 가장 빠르게 성장하는 국가 중 하나라고 설명하고 있다.

라오스는 여러 나라와 무역 협정을 체결했으며, 전환점이 될 2개의 프로젝트가 궤도에 올라있다. 첫 번째는 중국 윈난 지방에서 비엔티안을 거쳐 태국의 항구도시 라용까지 잇는 약 800km 길이의 철도다. 이 프로젝트는 정부 간 합작방식으로 2020년까지 완공될 예정이다. 또한 상업적 투자를 끌어내기 위해 역사 주변 발전과 같은 특별 장려 정책을 시행하고 있다. 이것은 라오스와 태국, 중국 그리고 다른 나라까지 연결하는 가교 역할을 하게 된다. 라오스 보케오 지역의 톤풍과 같은 국경 주변의 특별경제구역에는 이미 대규모 호텔 복합 단지와 카지노가 자리 잡았다.

이 철도 건설에는 약 1만 7,000명의 중국인 노동자들이 투입될 예정이고 산과 수많은 다리를 통하는 47개의 터널 건설이 계획되어 있다. 라오스는 이 사업에 30%의 지분을 갖고 있지만 철도 건설이나 관리 경험의 부재는 노동력을 공급할 수 없다는 것을 의미하기도 한다.

열차는 쿤밍에서 비엔티안까지 10시간 정도 소요되며, 라오스 북부와 중부 지역을 통과해 가장 인기 있는 관광지 루앙프라방을 지나게 된다. 이는 관광과 레저 사업에 투자할 기회를 찾는 외국인들에게 기회를 열어주는 것으로 라오스의 경제와 사회에 모두 영향을 끼친다. 이로 인해 역사상 처음으로 라오스는 세계의 관심을 받고 있다.

두 번째는 메콩강, 남우강 등을 따라 수많은 댐 건설을 위해 진행되고 있는 수력발전 프로젝트로 이것은 라오스의 주변국으로 공급될 많은 에너지를 생산할 것이며 라오스를 세상에 알릴 것이다. 어떤 위험이 있을까? 그리고 누구에게 이익이 될까? 광업 역시 라오스인들의 생활에 많은 영향을 끼친다.

이 강은 또한 라오스인들에게 생명줄과 같다. 많은 지역 사회가 둑을 따라 낚시를 하거나 쌀을 경작하기도 하며 산에서 광물을 채취하기도 한다. 하지만 많은 노동자들은 생존을 위해 생활 터전을 떠나거나 여러 가지 일을 해야 한다. 일부는 해외에 있는 친척들로부터 재정적인 도움을 받고 있지만, 많은 사람은 여전히 해외 원조를 받는 기초수급에 의존하고 있다.

해외 원조는 매우 중요하며 경제를 활성화시키고자 하는 목표를 갖고 있다.

라오스의 오늘

새로워진 라오스는 관광 그리고 주민과 전통적 생계수단 또는 소중한 환경을 고려하지 않고 중요한 자원과 지형을 이용하려는 주변국들의 압력으로 이미 취약해져 있다. 논밭으로 내몰린 아이들, 열악한 위생시설, 그리고 의료 서비스와 주택, 교육의 부족 같은 지속되는 빈곤은 해로운 영향을 줄 수 있지만 라오스를 21세기로 끌어올릴 수력발전소와 고속철도 건설을 시작한 거대 기업과 매우 대조적이다.

게다가 현재 전통적인 라오스의 종교적 원칙과 공산주의 정부가 내세우는 가치가 충돌하고 있어 매우 곤란한 상황에 처해있다.

이주 측면에서 보면 라오스인들은 태국으로 일자리를 찾아가고 상대적으로 적은 수지만 베트남인들은 건설 관련 일을 하러 라오스로 온다. 서양인들은 대사관, NGO, 수력발전이나 채굴 등과 관련된 대형 엔지니어링 회사에서 파견되고 자원봉사자들도 오고 간다. 이 밖에 어떤 사람들은 관광과 탐험 활동과 연계된 사업을 시작하기도 한다.

02

가치관과
사고방식

라오스인들의 태도는 수용을 바탕으로 하고 이러한 그들의 태도는 변하지 않는다. 라오스인들은 되도록 논쟁이나 토론을 피하려고 한다. 그들은 더 나은 내세를 위해 현생에서 덕을 쌓고 운명을 받아들여야 한다는 뜻을 가진 불교의 환생을 믿기 때문이다. 또한 전통적으로 계급에 대한 존중이 있으며 이러한 존중은 사회적 상황을 수용할 수 있도록 만든다.

세계화된 세계 속 국가정체성

라오스인들은 오래전부터 농업과 어업에 의존해왔다. 그들은 가족과 공동체를 중요하게 여기며 다 함께 먹고 살 수 있도록 돌본다. 그들은 여전히 쌀을 재배하고 전통방식으로 낚시를 하며 중장비는 거의 사용하지 않는다. 하지만 이러한 상황이 바뀌고 있다.

오늘날 세계 속에서 국가의 정체성을 정립하려는 노력은 개인의 정체성과 문화 유산을 지키고자 하는 민족 사이의 균형과 전통을 위협할 수 있다. 라오스 전체 인구보다 3배 더 많은 '이산 라오'라 불리는 소수 집단은 메콩강 건너 태국의 동북 지방에서 라오스어와 문화를 지키며 살아가고 있다. 이 민족 집단이 태국에 속하게 된 이유는 외부 세력에 의한 것으로 이는 장기적이고 돌이킬 수 없는 결과를 초래하게 되었다. 라오스인들은 강 건너 그 사람들이 금지된 음악을 듣고 라오스에서는 꿈꿀 수조차 없는 일들을 하는 것을 수십 년간 보아왔다. 오늘날에도 많은 사람은 방콕 같은 도시에서 일할 수 있기를 바란다. 그러나 이와는 대조적으로, 라오스의 전통적인 가치관의 붕괴를 진정으로 두려워하는 사람들도 있다.

100개 이상의 민족을 가진 나라를 하나의 공통 문화와 언어를 가진 나라로 통합시키는 것은 쉬운 일이 아니다. 그러나 세계화의 힘은 라오스 민족들의 사회구조에까지 영향을 미치고 있으며, 그 영향으로 서서히 통합되고 있다. 라오스의 많은 사람은 외국인 방문객들과 기업 투자자들, 심지어 자원봉사자들과 해외 원조와 관련된 일을 하는 사람들에게 영향을 받는다. 그리고 인터넷, 새로운 기술 그리고 거의 모든 국경 지역에서 번성 중인 산업들이 새로운 세력으로 대두되고 있다. 지난 시간 정체되어 있던 한 나라가 세계 속으로 나아가고 있는 것이다. 역사 속에서 민족국가의 형성을 설명할 예를 들자면 프랑스는 1789년이 돼서야 인구의 50%가 실제로 프랑스어를 사용했다. 이들은 원활한 소통을 위해 공식적으로 프랑스어를 퍼뜨릴 필요가 있었다. 그리고 그 계획은 오직 라오스에서만 시도되었고 실행되고 있다.

이에 많은 사람들은 혐오감을 느꼈지만 이런 과정은 과거부터 존재했고 미래에도 있을 것이다. 안타깝지만 이는 라오스의 취약한 민족, 문화, 언어 유산의 일부를 분열시킬 것이다. 1975년 공산당이 라오스를 지배한 이후 시행된 이론적 경제 개혁 프로그램은 보다 많은 지역의 통합과 주변국에 대한 인식을 높이기 위한 것이었으며 외국인들은 라오스인들과 소통하기 위해 더 이상 라오스어를 배울 필요가 없게 되었다.

종교적 가치

종교는 여전히 라오스인들의 삶 곳곳에 스며들어 있다. 불교, 애니미즘, 조상 숭배가 널리 행해지고 있다. 주요 종교인 테라바다 불교는 라오스 공화국 이전 왕국의 국교였으며, 그 시기에는 지역 승려와 수련수사를 뜻하는 '상하'가 정치계급과 동등한 위치에 있었다. 인구의 절반 이상이 불교 신자로 대부분 저지대에 살고 있는 라오족이다. 인구의 5분의 2를 구성하는 집단인 라오퉁과 라오숭의 대부분은 불교 신자가 아니다. 애니미스트들은 산, 호수, 낮, 밤, 죽음의 영혼을 숭배한다. 비록 불교와 지역 신앙이 상호 배타적이지는 않지만, 종교를 통일하려는 시도는 많았다. 지역의 종교적 전통은 일반적으로 더 넓은 불교 공동체 내에서 용인된다.

중국 남부에서 이주한 사람들은 그들의 유교 사상을 불교, 지역 종교와 접목시켰다. 또한 도시와 동북 지방 농촌 지역에

살고 있는 베트남 사람들은 대승불교와 유교를 혼합했다. 그 밖에 기독교, 이슬람교, 바하이교의 신자들을 포함한 다른 소규모 종교 단체들이 있다.

헌법에서는 엄밀히 종교의 자유를 허용하고 있지만, 혁명 이후 정부는 이러한 권리를 제한하거나 침해하고 있다. 특히 소수 종교의 경우에는 '미신'이라는 꼬리표가 붙기도 했다. 1975년, 정부는 위협적인 존재라는 명목으로 '상하'를 탄압하려 했고 그 결과 많은 승려가 해외로 도피했다. 그 이후 정부는 농촌의 사찰과 사리탑을 개조하며 그들의 계획을 주도면밀하게 진행시켰다. 우리가 이미 알고 있듯이 국가의 상징인 망치와 낫은 사리탑으로 대체되었다.

오늘날에도 다른 지역 종교들은 공식적인 통계보다 더 널리 퍼져있을 것이다. 사실 자신을 불자라고 말하는 많은 사람들은 불교를 종교라기보다는 문화의 한 종류라고 여길 것이다. 가장 상징적인 종교적 기념물은 사찰 이외에도 어디에서나 볼 수 있다. 어떤 것은 웅장하고 어떤 것은 낡았을지도 모른다.

방문객들이 즐기는 신성한 불교 전통 중 하나는 매일 새벽에 승려들이 행하는 아침 공양 의식인 탁발이다.

저녁에 승려와 수련수사들은 그들 자신도 이해하지 못하는 팔리나 산스크리트어로 염불한다. 고대 불교 경전과 교리는 고대 인도의 여러 문어와 관련된, 특히 팔리와 산스크리트어로 발전되었다.

【 불교 승려 】

라오스의 모든 소년은 일생에 한 번은 짧게는 일주일에서 길게는 3개월 정도 승려생활을 하며, 남성 인구의 3분의 1은 승려가 된다. 소년들은 보름달이 뜨는 날이면 머리를 깎고 라오스인들에게 친숙한 주황색의 전통 승복을 입는다.

가족과 떨어져 있어야 하는 어린 소년들에게는 가혹할 수 있지만 이들은 외딴 시골에서 사실상 받을 수 없는 교육과 고용의 기회를 얻게 된다. 수련수사들은 수도원의 227가지 규칙 중 75가지를 준수해야 한다. 그들은 새벽과 한낮에 하루에 두 번 식사를 하며 음식의 대부분은 제공된다. 심지어 더 나은 내세를 위해 업을 쌓으려는 사람들은 사찰의 탑에 헌금  하기도 한다. 또한 주요 승려들은 정부 세미나에도 참석해야 한다.

소년들과 남성들은 종교에 대한 의무나 헌신 외에도 여러 가지 이유로 수도원에 들어간다. 병원에서 막 퇴원한 사람은 악마를 몰아내기 위해 짧은 기간(예를 들어 일주일에 세 번) 동안 다니기도 하고 가족의 죽음을 겪은 사람도 수도원에 가는 경우가 있다. 이 밖에 다른 사람들은 수도원에서 지원하는 교육처럼 단순히 더 나은 기회를 얻고자 가지만 여성들은 거의 가지 않는다.

순응과 합의

라오스를 찾는 방문객들이 경험하는 것 중 가장 중요한 것은 현 시대로 진입하고 있는 한 국가의 성장 과정을 목도하게 된다는 것이다. 이것은 원로들이나 종교적 계층구조에 기인한 전통적이고 순응하는 사회적 관습에서 벗어나고 있다는 것을 의미한다. 왕족이라 할지라도 1975년 군주제가 폐지될 때까지 원로들에게 조언을 구하곤 했다.

갈등이나 심각한 의견 차이가 있을 때는 마을 지도자들이나 촌장들을 불러 도움을 청했다. 1975년 이후에 지명된 마을 촌장들이 이러한 역할을 했으며 또한 이들은 전체주의 계층과 관련하여 행정직을 맡거나 다양한 위원회의 수장이 되었다. 이러한 관행은 오늘날에도 부분적으로 존재하며 고대에 쓰인 '나이반'이라는 호칭도 다시 사용되고 있다. 라오스의 많은 가정에는 여전히 부처와 다른 영혼들에게 제사를 지낼 수 있는 사당이 있다.

【 갈등 해소 】

라오스인들은 상냥하게 말하고 대립을 피한다. 일반적으로 큰 목소리는 위협으로 받아들인다. 라오스의 구전은 도덕적 청렴성, 생활의 기술 그리고 관계에 대한 교훈을 전하고 있으며 오늘날 이는 갈등 해소라 불린다.

사람들은 가족이나 이웃과의 갈등을 해소하기 위해 지역사회에서 존경받는 원로들에게 조언을 구한다. 그들은 현대인들처럼 법적인 해결 방법을 찾지 않는다. 마을 원로들의 권위는 정직과 오랜 시간에 걸쳐 쌓아온 존경심에 바탕을 두고 있다. 이들은 대립이 효과를 보지 못하는 갈등 상황에서 핵심적인 역할을 했고 이러한 이유로 순응은 규범이 되었다. 현자들은 대립을 해결하기 위해 조언을 했으며 여기에는 상황을 받아들이고 적응하는 보펜양 철학이 깔려있다(67쪽 참조).

국가 상징

라오스 인구의 약 60%만 불교 신도이지만 대표적인 국가의 상징은 불교다. 1975년 혁명 이전에는 군주제도 중요한 상징이었지만 혁명 이후, 정부는 비종교적인 휴일만 표시한 달력 등으로 불교의 의미를 축소하려 시도했다. 이 시기만 하더라도 정부는 불교 행사를 용인했다. 하지만 공산당의 지도자였던 카이손 폼비한의 사후, 전체주의 정부는 전국에 그의 동상을 세워 숭배하게 했으며 라오스의 통화 단위인 킵 중 6개의 지폐에 그의 얼굴을 새겼다.

오늘날 라오스는 국가 상징으로 불교를 거듭 강조하고 있다. 혁명 이래로 라오스인들은 12월 2일 국경일을 지내고 있지만, 11월에 보름달을 기념하는 탓루앙축제는 국가의 가장 중요한 행사다. 비엔티안에 있는 사원 탓루앙 스투파는 라오스의 모든 종교 단체가 신성시하는 장소 중 하나다.

왕실 정부는 전통 의복을 입은 고산 부족 사람들과 라오스의 다른 문화적 특징이 있는 상징물들을 특정적으로 알리려고 노력했으며 이것은 다른 민족들도 이러한 상징물을 수용해야 한다는 것을 암시했다. 하지만 이러한 방식이 민족 상징의 다양성을 훼손한다는 문제에 대해 과거부터 여러 차례 논의가 있었다.

【 항아리평원 】

라오스에는 거석문화 시대의 항아리평원에서 나온 돌항아리처럼 여러 시대의 다양한 불교 상징물이 있다. 외관상으로 이

것들은 철기 시대의 매장 관습과 관련 있는 것으로 추정된다. 항아리들의 기원은 여전히 고고학적으로 정확히 정의된 것은 아니지만 수백 개의 항아리가 시엥쿠앙 지역의 90곳이 넘는 장소에서 발견되었다.

외형

오늘날 라오스인들은 일상생활에서 서양 스타일의 옷을 입고 전통 의상은 축제나 특별한 행사가 있을 때 입는다. 하지만 예외적으로 '씬'이라고 불리는 여성용 치마는 외국인들을 포함해 업무를 볼 때나 격식을 차릴 때 입는 경우가 많다. 방문객들은 특별한 행사 때 지역 시장에서 이러한 옷을 입은 사람들을 볼 수 있지만 그 옷이 가장 좋은 옷이기 때문에 입는 경우도 있다.

특히 북쪽 지방의 민족들은 비단과 면에 천연 염료를 입히고 전통적인 방식으로 옷을 만든다. 이때 여러 가지 밝은 색상의 복잡한 무늬와 멋진 디자인은 착용자의 신분과 사회적 지위 혹은 결혼 여부를 나타내기도 한다. 남쪽 지방에 위치한 사반나케트에는 '푸타이'라고 불리는 독특한 면직물이 있으며, 참파사크에는 캄보디아의 것과 비슷한 무늬의 고급 비단 직물이 있다. 또한 살라완, 세콩, 아타푸 지역에서는 이 직물에 구슬을 엮어 만든 줄무늬 모양의 면직물을 전문적으로 생산하고 있다.

도시에 살고 있는 여성들과 소녀들은 옷차림과 메이크업에 매우 민감하다. 가벼운 옷차림을 한 외국인 방문객들은 은행이나 사무실에서 격식 있는 드레스를 입고 있는 사람들을 보고 놀라기도 한다. 라오스인들은 햇빛으로부터 피부를 보호하여 하얗게 보이려고 하지만 외국인들은 정반대로 피부를 더 검게 태우기도 하여 의아해하기도 한다.

라오스의 오토바이 운전자들은 더운 날씨에도 손등까지 덮은 긴소매의 멋진 재킷을 입는데 아시아의 복잡한 교통 상황에서 운전에 방해가 되지 않도록 재킷의 소매는 엄지손가락에 고리로 걸어 고정했다. 외국인들 사이에서 이것이 유행하여 교통체증이 심한 도로에서 이러한 복장으로 오토바이를 타는 외국인들을 볼 수 있을 것이다. 하지만 일반적인 오토바이용 장갑을 착용하는 추세이며 점차 패션 트렌드도 바뀔 것이다.

의류를 저렴한 가격에 구입할 수 있음에도 불구하고 라오스에는 옷이나 신발을 살 여유가 없는 사람들이 많다. 크기가 맞지 않거나 이상한 신발을 신고 있는 마을 아이들을 쉽게 볼 수 있다.

보펜양

라오스 방문객들에게 가장 먼저 친숙해지는 표현 중 하나는 '보펜양'이다. 말 그대로 '별일 없어' 혹은 단어로 직역하면 '아니요'라는 뜻이다. 이러한 다중적인 의미는 외국인들의 흥미를 불러일으킬 수 있다. '문제없다' 또는 '상관없다, 괜찮다'와 같은 다양한 의미를 포괄하기 때문이다. 때로 '보펜양'은 '우리가 할 수 있는 일은 없다'와 같이 책임을 회피할 때 쓰기도 하지만 대부분의 경우 말이나 상황을 끝낼 때 쓰는 긍정적인 표현으로 라오스인들의 느긋하고 운명론적인 성향을 완벽하게 반영하고 있다.

개인 공간

라오스인들은 신체 접촉과 개인적인 공간에 민감하여 서로 거리를 두는 경향이 있고, 공개적인 애정 표현은 그들의 눈살을 찌푸리게 한다. 부부라도 사람들 앞에서는 조심스럽게 행동하며, 남녀는 직접 눈을 마주치지 않는다. 또한 머리는 신체 중 가장 신성한 부분으로 여겨지기 때문에 아이에 대한 애정 어린 행동이 아니라면, 누군가의 머리를 만지는 것은 매우 부적절하다.

어떤 사람이 당신의 머리를 만진다면 그들이 당신을 존중하지 않는다는 것을 의미한다. 심지어 어떤 물건을 집기 위해 누군가의 머리 위로 손을 뻗는 것도 매우 무례한 행동이다. 라오스인들은 또한 노인들과 권위 있는 사람에게 큰 존경심을 갖고 있기 때문에 그들이 먼저 눈을 마주치지 않는 한 먼저 눈을 마주치지 않음으로써 존경심을 표현한다. 또한 연장자를 어딘가로 데려갈 때조차도 순종적인 태도로 허리를 굽히는 경향이 있다.

지위, 권력 그리고 돈

라오스에서 지위를 나타내는 요소들은 몇 년에 걸쳐 변화를 겪었다. 한때 지위는 유산과 통솔력을 바탕으로 왕, 종교 지도 자, 족장, 또는 마을의 우두머리들과 연관이 있었다. 오늘날 전 세계적으로 지위와 권력은 돈과 관련된 것처럼 보인다. 그러 나 라오스에서는 여전히 전통적인 지위가 어느 정도 존재한다. 이는 보통 사람들은 지위를 가질 수 없으며 지위를 얻는 데는 돈과 돈을 축적하는 수단에 국한되어 있지 않다는 것을 의미 한다.

옛날 라오스인들은 수공예 목재와 사암, 도자기, 파이프, 실 크 스카프나 씬, 보석 같은 개인 재산을 갖고 있었다. 지금은 부유한 이웃 나라와 외국에서 온 관광객, 기업 또는 NGO 직 원들에게 영향을 받아, 일부 라오스인들은 매우 부유해졌다. 그들의 부는 커다란 집, 크고 번쩍이는 자동차와 SUV 그리고 해외여행에서 구입한 명품들로 예전과는 달라졌고 뽐내는 것 에 치중한다.

내륙국가로서 오랫동안 고립되어 있었던 라오스의 독특한 상황을 기억하는 것은 중요하다. 군주제는 1975년에 무너졌

• 금기 사항 •

- 라오스에서 손가락으로 가리키는 행동은 무례한 것으로 여겨진다.
- 라오스인의 집에 들어가기 전에 신발을 벗는 것은 일반적인 예의이며, 사찰에 들어갈 때는 의무적으로 신발을 벗어야 한다.
- 맨발바닥을 보여주는 것은 부적절하며 무례한 행동이다. 대부분의 라오스인들은 눈에 띄지 않는 곳에 발을 숨긴다.
- 승려나 그의 승복을 만지는 것은 금기시된다. 특히 여성은 승려에게 직접적으로 무언가를 전해줄 수 없다. 한 가지 사례를 들어보겠다. 예전에 사원 구역에 주차를 하고 길을 찾고 있을 때였다. 아주 정중하게 보이는 승려가 다가와 서툰 영어로 도와주겠다고 말했다. 그래서 게스트하우스의 주인에게 전화를 걸어 승려와 통화하게 하려고 했다. 하지만 그 승려는 놀랍게도 먼저 휴대폰을 땅에 놓으라고 했다. 그래야 자신이 휴대폰을 집을 수 있으며 도움을 줄 수 있다고 말하며 이것이 여성과의 직접적인 접촉을 피하는 방법이라고 했다.

고, 라오스는 1990년대에 다다라서야 다시 개방되었다. 그 이후로 제한적으로나마 경제 성장이 있었고 이는 부분적으로 빈곤을 줄이는 데 도움을 주었지만, 여전히 외국의 원조에 의존하고 있다.

라오스인들은 안정성이 보장되는 공무원이나 외국계 회사에서 일하기를 바란다. 하지만 이런 것들조차 꿈도 못 꾸고 경제적으로 불안한 상황에 처해있는 사람들이 많다.

BBC의 라오스 국가 개요에 따르면, 전체 영토의 5% 이하만이 생계형 농업에 적합하다고 한다. 하지만 그마저도 외부 세력이 주도하는 경제 활동으로 인해 천연자원마저 감소하고 있으며, 라오스인들은 생계를 유지하기 위해 점점 더 애쓰고 있다.

이방인에 대한 태도

라오스에는 많은 민족이 살고 있고 서양과는 매우 다른 그들만의 전통 가치가 존재하기 때문에 라오스인들의 외국인에 대한 태도를 일반화하는 것은 어렵다. 그러나 그들은 '수용'을 바탕으로 대부분의 문제를 다루기 때문에 이방인들의 행동에 대한 그들의 시각에는 수용적인 측면이 반영될 것이다. 일부 윗세대 사람들은 기록이 거의 없는 '소리 없는 전쟁'과 관련하여 이방인들에게 분노를 느낄지도 모른다. 다른 세대는 호주의 학자 홀리 하이의 저서 『라오스의 빈곤과 정책Poverty and Policy in Laos』에서 설명했듯이 정부의 빈곤 감소 프로젝트 실패에 대해 반감을 느낄 수도 있고 일부는 해외에서 나고 탈 없이 자란 동포들을 원망하기도 한다. 오랜 세월에 걸쳐 라오스에서 벌어진 역사적 사건과 다른 나라들이 벌인 행위들 때문에 세계 각지에서 온 이방인들을 각자의 방식으로 바라보는 것은 당연한 일이다.

【 중국인 】

역사적으로 중국인들은 라오스 북부와 메콩강 골짜기에 거주하고 있다. 그들 중 일부는 퐁살리 지방의 아편 밀수꾼의 후손이다. 다른 이들은 중화인민공화국 윈난 지방 출신의 '호'로 알려진 소수 집단이다. 오늘날 변화하는 정치적 상황과 경제적 이익을 취할 기회를 포착한 중국인들은 노동자, 상인, 무역업자로 일하면서 라오스 전역에 흩어져 있다. 그들의 동포들은 인구가 라오스보다 185배 많은 광대한 고국을 떠나 라오스로 오고 있다. 라오스로 이주해오는 중국인들 역시 거대 산업국인 중국을 따라 잠재력이 증가하고 있는 라오스에서 사업 기회를 모색하고 있다.

【 서양인 】

라오스인들은 서양인들을 항상 예의를 갖춰 환대하고 있으며, 온라인 미디어 이용이 증가하면서 부유하고 발전적이라고 생각하는 나라의 사람들에게 경외심을 느끼는 경우가 있다. 그들은 영화를 관람하기도 하고 유명인들에 대해서도 잘 알고 있다. 또한 라오스를 방문하는 사람들은 보통 넉넉한 휴가 비

• 파랑 또는 팔랑 •

많은 개발도상국에는 외국인들을 지칭하는 이름이 있다. 라오스에서는 파랑 또는 팔랑이라고 한다. 이것은 프랑스 식민지 시대부터 쓰인 용어로 라오스인들은 프랑스를 파랑이라고 불렀다. 태국에서는 유럽이나 미국 혈통을 일컫는 데 쓰인다.

라오스 친구에게 내가 '팔랑'의 뜻을 묻자 "요즘 라오스인들은 백인에다 미국인, 유럽인처럼 코가 크면 팔랑이라고 한다"고 답했다. 이 말의 어원은 먼 과거에 외국을 의미했던 힌디어 '피랑기'에서 유래했을 가능성이 있다. 또한 이용어는 크메르에서 사용된 '바랑'으로 다르게 변화되었다.

용으로 여행하며 주재원들은 그들의 고국에서 받을 수 없는 상당한 금액의 월급을 받는다는 인식이 강하기 때문에 엄청 난 부자라고 생각한다. 대다수의 라오스인들은 해외를 나가본 적이 없다. 경제적인 이유로도 나갈 수 없거니와 바랄 수도 없 기 때문에, 그들이 부유하다고 여기는 나라와 그들이 생각하 는 부와 화려함을 결부시킨다. 1990년대 초 라오스인들은 '라 트시아(러시아인)', '팔란셋(프랑스인)', '젤먼(독일인)' 등과 같이 국가 이름으로 서양인들을 불렀다. 그러나 태국은 서양인들을 하나 의 집단으로 보고 '파랑'으로 불렀으며, 후에 라오스도 태국과 같은 방식으로 서양인들을 불렀다.

대응과 수용

라오스인들의 태도는 수용을 바탕으로 하고 이러한 그들의 태 도는 변하지 않는다. 라오스인들은 되도록 논쟁이나 토론을 피 하려고 한다. 그들은 더 나은 내세를 위해 현생에서 덕을 쌓고 운명을 받아들여야 한다는 뜻을 가진 불교의 환생을 믿기 때 문이다. 또한 전통적으로 계급에 대한 존중이 있으며 이러한 존중은 사회적 상황을 수용할 수 있도록 만든다. 외국인들은 이러한 그들의 태도 중 몇몇 부분을 이해하지 못하거나 불만스러워하기도 한다. 예를 들어 차가 막히는 상황에서 부주의한 라오스인 오토바이 운전자 때문에 사고가 일어날 수 있는 상황이 닥쳐도 운전자는 웃으며 어깨 한번 으쓱해 보이는 것으로 대응한다. 라오스인들에게 가장 쉬운 일은 차분하게 지속적으로 일을 해나가는 것이다.

개개인적인 차원에서 보자면 그들은 진취적이고 근면성실하며 좌절에도 굴하지 않는 성향을 갖고 있다.

규칙과 규범

라오스에는 어떤 규칙과 규범이 있는가? 라오스에도 규칙과 규범이 매우 많지만 실제로 얼마나 시행되고 있는지는 명확하지 않다. 예를 들어, 밤 11시 이후 야간 통행금지에 관한 공식 규범이 있지만 요즘은 거의 문제가 되지 않는다. 오토바이 헬멧 착용이나 안전벨트 착용 등 운전 규범도 마찬가지이니 눈으로 확인할 수 없는 것은 어떠하겠는가!

남녀관계

라오스인들은 한 지붕 아래에서 여러 세대가 함께 사는 대가족의 형태로 살고 있다. 그리고 이러한 가족 형태는 전통적인 사회 규범을 강화시킨다. 여성들은 단정한 옷차림을 하고, 부부는 공공장소에서 애정 표현을 하지 않는다. 결혼 전에 동거는 하지 않으며 대부분의 젊은이들은 20대 중후반에 결혼한다. 남녀는 서로 자유롭게 만날 수 있지만 문제가 발생했을 경우에는 가족의 발언권이 매우 중요하다. 또한 라오스의 이혼율은 낮은 것으로 공식 집계된다.

단정한 행실을 규범으로 하는 전통적이고 보수적인 사회에서 이성애자와 동성애자를 구별하는 것은 쉽지 않으며 노골적인 성행위는 용납되지 않는다. 그러나 인간의 본성이란 타고난 것이기 때문에, 동성애자들은 자신의 길을 찾아가고 다른 사람들도 철저하게 감시하지는 않는다. 더 이상 사적인 행위가 다른 이들에 의해 통제되고 있지 않다는 것을 의미한다.

03

문화와 전통

라오스의 1년은 축제가 그 중심에 자리하고 있다. 이 나라는 최근에야 개방되었기 때문에 방문객들은 진정한 문화 체험을 즐길 수 있다. 상대적으로 작은 땅에 살고 있는 다양한 민족 덕분에, 방문객들은 다양한 축제, 관습, 의복들을 볼 수 있을 것이다.

라오스의 1년은 축제(분)가 그 중심에 자리하고 있다. 이 나라는 최근에야 개방되었기 때문에 방문객들은 진정한 문화 체험을 즐길 수 있다. 상대적으로 작은 땅에 살고 있는 다양한 민족 덕분에, 방문객들은 다양한 축제, 관습, 의복들을 볼 수 있을 것이다. 하지만 라오스의 이웃 나라들은 수확기, 종교 행사 또는 음력 명절에만 축제를 연다.

축제는 보름달이 뜨는 시기에 자주 열린다. 현대의 교통수단이 등장하기 전, 마을 사람들은 사람들을 만나 서로의 소식을 나누고 즐거운 시간을 보내길 바라며 몇 시간이고 며칠이고 걸었다. 그들은 그 며칠 동안 모든 걱정을 접어두었는데, 이는 오늘날에도 마찬가지다. 비록 종교가 중요한 역할을 하지만 라오스인들은 파티를 좋아한다.

결혼식, 세례식, 고별식, 장례식과 같은 작은 기념식이 많은 이유도 사람들과 모이기 위해서다. 많은 사찰과 성스러운 사리탑에서도 특별한 축제가 열린다.

라오스의 민속 부족 전통, 관습, 역사는 문자로 전해지는 관습과 전통과는 반대로 구전으로 세대를 통해 전해져왔다. 특히 경제와 교육의 발전으로 점점 더 많은 관습은 후손들을 위해 디지털화되어 기록되겠지만 이러한 고유의 방식이 지속되기를 바란다.

관습

라오스의 대표적인 종교는 불교지만, 여러 세대와 세기를 거슬러 올라가 보면 다른 관습, 의식, 종교와 결합되기도 했으며, 특히 현대적인 트렌드에 영향을 받는 도시와는 달리 고립되어 있는 외딴 지역에서는 이러한 특징이 더욱 드러난다. 이렇게 흥미로운 종교적 혼합주의는 선진국에서 온 외국인들에게 분명하게 이해되는 것은 아니다. 단지 언어장벽이 문제가 아니라 그들의 문화와 전통적 관습의 본질을 파악하는 데 어려움이 있기 때문이다.

그래서 불교, 마을과 마을을 나타내는 사리탑, 사찰에서처럼 보호령에게도 경의를 표할 수 있다. 보호령을 위한 제단이 마련되어 있으며 노래, 북, 뿔, 음악으로 의식을 거행한다. 심지어 악령을 물리치기 위해 동물을 제물로 바치기도 한다. 하지만 이러한 의식을 본 외국인은 거의 없다.

마을의 사찰은 다양하다. 단순한 재료로 지어지는 경우가 있는 반면에 대도시의 사리탑은 매우 웅장하고 금칠이 되어 있기도 하다. 마을의 사찰은 제물을 바치고 명절 행사가 열리는 중요한 장소다. 또한 사람들은 불교에서 설파하는 좋은 일, 올바른 생활을 행하고 마지막 윤회의 단계에서 열반에 오르고자 사찰과 사원을 후원하며 운영한다.

【 전통 의복 】

손으로 짠 '씬'은 여성들이 입는 전통 치마로, 실크나 면으로 만들어지지만 요즘에는 합성 섬유로 만들어지기도 한다. 여성들은 여러 가지 방식으로 그 치마를 입는다. 또한 다양한 디자인

으로 민족 집단, 사회적 지위 그리고 출신 지역의 특별한 행사를 나타내기도 한다. '씬'은 일반적으로 복잡한 디자인의 치맛단에 투톤의 색상으로 만들어진다. 라오스에 살고 있는 많은 외국인 여성들은 일을 할 때나, 특히 공식적인 자리에서는 '씬'을 입는다.

12월 2일 라오스 건국기념일에는 스포츠 경기장에서 연례 집회가 열린다. 이 집회는 새벽에 시작되며 국가를 찬양하는 큰 현수막을 든 여러 민족이 멋진 전통 의복을 입고 당당하게 행진한다.

바시 또는 쑤쿠완

바시 또는 쑤쿠완은 방황하는 영혼들을 소환하는 의식이다. 흔히 민족 전통의 라오스 의식, 즉 라오스 문화를 대표하는 전통 의식으로 묘사되지만, 이산 타이 문화에도 존재한다. 라오스인들은 방문객들을 환영하기 위해, 혹은 결혼, 출산, 귀향, 연례 축제뿐만 아니라 새롭게 사무실을 얻거나 새로운 직원을 뽑았을 때도 이 의식을 행한다. 아픈 사람들은 치료를 위해 바시를 받고, 관료들도 이 의식을 치른다. 수련수사들 역시 사찰에 들어가기 전에 바시를 통해 행운을 빈다.

이 의식은 주중 어느 날에나 열릴 수 있고 일반적으로 한낮이나 일몰 전에 행해진다. 이 의식은 우리의 몸은 32개의 기관으로 구성되어 있다는(다른 방식으로 나눌 수 있다) 불교 신앙을

바탕으로 두고 있다. 즉, '영혼 소환'의 바시 의식인 '콴'은 균형과 조화를 이루게 하여 기관을 보호하고 회복시키는 데 필수적인 역할을 한다.

이 의식의 하이라이트는 사람들의 손목에 흰 면 줄을 묶는 것이다. 가까운 사람에게 이 끈을 묶어주고 격려 섞인 미소와 함께 행운을 빌어준다. 때때로 집주인에게는 지폐가 묶인 줄을 묶어주기도 한다.

많은 외국인은 이사할 때 또는 입주직원이나 친구의 송별파티 때 이 의식을 행한다. 이렇게 흥미로운 행사에 참여했었다는 의미로 10여 개 이상의 끈을 자랑스럽게 손목에 매고 있는 외국인들도 볼 수 있을 것이다. 국제학교와 외국인 공동체에서는 학년 초에 행운을 빌거나 송별회 때 '바시'를 하는데, 이때를 직원들이나 가족들이 만날 수 있는 가장 이상적인 기회라고 생각한다.

'파콴'은 집안의 나이 든 여성들이 큰 접시나 그릇, 쟁반에 잎사귀, 꽃들과 함께 하얀색 면과 비단실을 놓는 준비 과정으로 이색적이고 상징적인 부분이다. 또한 주황색 꽃으로 장식된 바나나 잎 주변에 음식도 놓는다. 의식이 끝나면 모든 손님에게 기념 음식이 제공되고, 전통 음악에 맞춰 춤을 출 수도 있다.

탁밧, 탁발의식

아침에 주황색 승복을 입은 승려들이 공양 그릇을 들고 거리에서 행진하면 사람들은 그들에게 음식을 주기 위해 밖으로

나온다. 이 고대 전통은 사진으로 남기기에 더없이 좋은 장면들 중 하나다. 그러나 오늘날에는 참여하는 사람들이 너무 많아 엄숙함을 잃어버릴 위기에 있다.

한 학자는 "관광 사업에 노출되고 관광객들과 사회적 접촉을 한 도시의 승려들은 전통 기술을 연구하지 않고 관광 사업을 시작하는 사람들을 돕기 위해 외국어 배우는 것을 선호한다. 이처럼 승려들은 그들이 갖고 있었던 가치와 염원에 영향을 받고 있다"고 설명했다.

'돈 나무'에 기부하는 것은 의식의 일부가 될 수 있다. 이러한 의식을 위해 준비된 지폐 또는 셀로판지로 감싼 지폐로 장식된 돈 나무는 구입이 가능하며 죽은 이들의 영적인 통로로 여겨지는 사찰에 기부된다. 이때 마을의 원로들은 염불을 하기도 한다.

새해

라오스인들은 양력으로 1월과 불교식으로 4월, 두 번에 걸쳐 새해를 맞이한다. 양력보다 543년 앞선 전통적인 불교도의 음력을 여전히 사용한다. 이 흥미로운 이중 달력 시스템은 도시의 LED 간판에도 분명히 나타나 있다. 국제은행에서는 아직도 양력과 음력이 인쇄된 달력을 사용하고 있으며 라오스와 태국, 두 나라 모두 일상생활에서는 불교식 음력을 사용한다.

【 불교도의 새해(분피, 피마이라오, 또는 송크란) 】

달의 변화 단계는 불교에서 특별한 의미를 가지며, 선명한 보름달이 떠오르는 날을 기념한다. 새해는 4월의 첫 보름에 시작된다. 이것은 라오스에서 가장 중요한 행사로 전국에서 축하 행사가 열린다. 공식적으로는 보통 4월 15일, 16일, 17일에

시작되고 일주일간 열리기도 한다. 이 축제는 봄의 시작을 알리고 농작물에 내리는 비를 반기기 위한 것이기도 하다. 가족과 친구들을 만나 신나고 즐거운 인파에 휩쓸리는 경험은 방문객들에게 멋진 기억으로 남을 것이다.

첫날에는 준비를 하고 향기로운 물을 모은다. 그리고 부처의 사진을 제물이 있는 불교사원(와트) 속 접근이 가능한 곳에 놓아둔다. 사람들은 부처의 사진을 물로 씻은 다음 가족과 친구들을 축복하고 남은 물을 가족들을 정화시키기 위해 집으로 가져간다. 그리고 내년에도 그들이 잘될 수 있도록 기원하며 보호령들도 불러들이고 전통 나팔과 하모니카도 연주한다.

다음 날, 사람들은 악귀들을 몰아내기 위해 집을 청소하고 지난해의 모든 불운들을 없애기 위해 젊은이들은 집안의 어른들이 씻기 전에 그들의 몸을 씻겨준다. 또한 우리에 잡아 가뒀던 동물들과 새들을 풀어주기도 한다.

셋째 날에는 축복, 좋은 소망 그리고 어른들에게 주었던 선물들과 새해를 시작하기 위해 많은 '바시'가 열린다. 그리고 자신으로 인해 어떤 식으로든 상처를 받았거나 기분이 상했던 가족에게 용서를 구한다. 저녁이 되면 부처의 사진은 사원의 원래 자리에 놓이고 승려들은 염불을 외며 사람들에게 물을 끼얹고 지난 며칠 동안 부처의 사진을 만지고 옮긴 것에 용서를 구한다.

물은 청결을 상징하기 때문에 라오스의 새해 기념 행사에서 모든 사람은 물에 흠뻑 젖고 임시 수영장이나 강에 던져지기도 한다. 과거에는 여성들만 남성들을 물속에 던져 넣을 수

있었지만, 지금은 모든 사람이 즐겁게 즐길 수 있다. 날씨가 너무 더워서 아무도 신경 쓰지 않지만, 그래도 귀중품은 방수가방에 보관하고 인파를 따라다녀야 한다.

큰 마을이나 도시에서는 음악, 퍼레이드, 페이스페인팅, 마스크 쓰기, 심지어 미인대회까지 열리기 때문에 진짜 축제 같은 느낌을 받을 수 있다. 시장이나 노점의 사람들은 모두 신나서 술도 많이 마신다. 그리고 교통은 그 어느 때보다 훨씬 복잡하고 혼잡하다.

메콩강은 이맘때면 수위가 낮아지기 때문에 해마다 비엔티안에는 매우 광대한 모래언덕이 생긴다. 이곳에서 사람들은 모래성을 높게 쌓고 행운을 상징하는 물건들로 장식한다. 그리고 그들의 근심을 씻어내고 다가올 해의 축복과 행운을 소망한다.

【 중국식 새해 】

라오스에서 음력으로 1월 말에서 2월 초 사이에 중국식 새해를 기념한다. 조상의 영혼이 이날 돌아온다고 믿고 있으며 항상 많은 꽃을 놓아두고 불꽃놀이를 한다.

【 양력 새해 】

라오스에서도 양력 새해를 인정하고 있지만 이는 공적인 목적과 외국인들에 대해 예의를 표하기 위함이다. 외국인 거주자들과 가족들은 1년 중 이맘때 집을 비운다.

【 흐몽족 새해 】

이 위풍당당한 민족은 12월 초에 녹색, 빨간색, 하얀색 실크, 장식모자, 은으로 만든 보석으로 장식된 형형색색의 화려한 전통 의복을 입고 그들의 독특한 유산을 드러낸다. 흐몽족의 전통 파이프 악기인 '툥' 피리와 풀피리 같은 전통 악기로 연주되는 음악에 맞춰 춤을 춘다. '막콘'이라 불리는 면으로 만든 공 던지기와 팽이 돌리기, 석궁대회, 소싸움 같은 놀이도 한다.

라오스 건국기념일

라오스의 건국기념일은 12월 2일이고 1975년 군주제 폐지와 라오인민민주주의공화국 창설을 기념한다. 이 법정 공휴일에는 군사 열병식과 나라의 역사를 인정하고 독립을 기념하기 위한 연설이 있다.

안거일

안거일은 매년 3개월 정도 지속되는 우기와 맞물리기 때문에 승려들은 수도원에 머물며 공부하고 명상하며 자기수양과 자제를 실천해야 한다. 이 시기에는 금주를 하는 사람도 있으며 결혼식을 거의 올리지 않는다.

분탓루앙

라오스 비엔티안에 있는 '위대한 불탑'이라는 뜻의 '탓루앙'은 1566년에 세워진 가장 신성한 기념비적 건축물이자 국가의 상징이다. 옛날 엽서에서 탓루앙은 무성한 열대 초목과 나무들로 둘러싸여 있지만, 지금은 황금빛 잎으로 뒤덮인 웅장한 첨탑과 함께 완전히 벽으로 둘러싸여 있다.

가장 중요한 축제 중 하나가 보름달이 떠 있는 11월에 3일간 열린다. 수많은 라오스인(그리고 태국인, 베트남인, 캄보디아인)이 부처의 유물이 들어 있는 신사를 방문하기 위해 여러 곳에서 모인다. 방문객들은 동트기 전에 가장 좋은 옷을 입은 엄숙한 분위기의 순례자들이 모여 있는 모습을 볼 수 있으며 또한 여러 다른 사원에서 온 수백 명의 승려들이 이 신성한 숭배지에서 염불을 외우며 기도하는 소리를 들을 수 있다.

이 축제에는 꼭 봐야 하는 멋진 불꽃놀이도 있지만, 사람들이 많이 붐비기 때문에 주의해야 한다. 또한 사리탑 주위를 도는 아주 인상적인 가두행진이 있는데 이는 신사에 바치는 의식이다.

여러 확성기에서 동시에 나오는 소리들로 이곳은 통제가 불가능해지기도 한다. 사원 안에서는 마치 복권당첨자를 발표하듯이 기부자들의 이름과 액수가 불리는데, 외국인들의 이름은 서툰 발음 때문에 재미를 주기도 한다.

다국적 행사인 만큼, 동남아국가연합의 많은 나라가 자국을 홍보하기도 하며, 시장에서는 갖가지 상품과 음식을 판매한다.

분방파이

분방파이는 우기가 시작되기 전, 5월에 비엔티안 지역과 남쪽의 주변 마을에서 열리는 로켓 축제다. 사람들은 많은 비와 한 해의 농사가 잘되기를 비는 마음으로 직접 만든 로켓을 신들에게 쏜다. 장식된 대나무에 화약이 듬성듬성 박혀 있고, 용맹스러운 청년들은 로켓을 쏘기 위해 이 아슬아슬한 대나무 위로 기어 올라가 불을 붙인다. 이 축제는 불교를 받아들이기 전 비를 염원하고 풍작을 기원하는 의식에서 출발한 것으로 외설적인 해학이 넘친다. 3일간의 축하 행사는 장식된 수레 행렬과 함께 춤, 음악으로 가득 찬다. 어떤 마을의 남성들은 검댕으로 얼굴을 칠하고 여성들은 선글라스를 쓰고 나무로 만든 남근을 착용한다.

코끼리 축제

라오스는 '100만 코끼리의 땅(란쌍)'이라고 불렸고, 이 거대한 동물은 오랫동안 모두에게 사랑받고 존경받았으며, 이전에는 작업 공동체에서 없어서는 안 될 요소였다. 하지만 현대화와 점점 전통적인 작업방식이 줄어드는 임업 그리고 자연 서식지를 파괴하는 삼림 벌채로 코끼리 개체 수는 감소하고 있다. 코

끼리 보호를 위해 연구해왔던 NGO는 2006년, 현대화로 곤경에 처한 코끼리와 이에 대한 의식을 일깨우기 위해 축제를 고안했다.

이 축제는 코끼리를 다루는 숙련된 훈련 기술과 전통으로 유명한 싸야부리 지역에서 매년 2월에 열린다. 그 이후로 지역 정부에서도 100마리의 코끼리를 모으는 일에 참여하게 되었고 그 결과 이 작고 조용한 마을에 며칠 동안 8만 명 이상의 사람들이 방문했다.

코끼리들은 아름다운 깔개와 복잡한 무늬로 수놓은 머리장식으로 꾸며져 있는데, 어떤 코끼리는 정수리부터 코까지 장식되기도 하고 얼굴이나 몸통에 멋진 무늬가 그려지기도 한다. 태양으로부터 탑승자를 보호하기 위해 버들가지 방석과 밝은 색의 파라솔을 얹고 위풍당당하게 걸어가는 코끼리들을 보는 것은 기억에 남는 경험이 될 것이다. 코끼리를 길들이는 사람을 말하는 '마훗'은 당당한 자태로 전통 의상을 입고 코끼리 귀 뒤쪽에 앉아있다. 그리고 코끼리들에게 먹이를 주기 위해 테이블에 바나나와 사탕수수를 놓아둔다.

코끼리 분장, 음악, 춤 같은 다채로운 과정이 있는데, 우아하게 걸어 다니는 거대한 코끼리들이 가장 두드러진다. 코끼리들의 서열을 관찰하고 일몰과 일출에 강가에서 목욕하는 코끼리들을 보는 것을 잊지 말자!

그 밖의 공휴일과 중요한 행사

【 세계 여성의 날(3월 8일) 】

라오스의 모든 여성에게 경의를 표하는 날로, 여성들은 휴식을 취하며 남성들은 여성들이 하던 일을 한다. 모든 행정기관은 이날을 인정하고 있으며 날짜가 주말과 겹칠 경우 월요일을 대체 공휴일로 지정한다. 이날에 술을 많이 마신 사람들은 숙취로 고생하고 있을지도 모르기 때문에 몇몇 사람들은 휴일 다음 날 행정사무소를 방문하는 것을 피하라고 말하기도 한다.

【 노동절(5월 1일) 】

노동자들의 업적을 기리기 위해 전 세계 많은 나라에서 공휴일로 지정된 날이다. 노동조합운동과도 연계되어 있기도 하며 라오스에서도 중요한 정부 기념일이다. 이날 국기는 평소보다 더 많이 게양된다.

【 분쑤앙흐아(전통 보트 경기) 】

이 행사는 우기와 안거일이 끝나는 시점(10월/11월경)에 비엔티안, 루앙프라방, 사반나케트 같은 메콩강변에서 열린다. 여러 마을과 각지에서 온 팀들이 기다란 보트로 경주하기 위해 모이는 재밌는 행사다. 통나무로 만들어진 보트는 뱃머리에 새겨진 많은 용상과 복잡한 디자인으로 화려하게 칠해진다. 이렇게 만들어진 배는 신성하게 여겨지고 라오스의 다른 축제처럼, 물의 신이자 불교의 신인 '나가(97쪽 참조)'를 기리기 위해 보트 경주가 열린다. 노를 젓는 사람은 최대 50명이며 여성들은 오전에 남성들은 오후에 경주를 한다. 참가자들은 열심히 경주에 임하며, 우승하는 팀에는 상금과 트로피를 수여한다. 전통 북, 염불, 춤 그리고 연주회까지 즐길 수 있고 시장에서 음식과 흥겨운 음악을 만끽할 수 있다.

【 라이흐아파이(등 축제) 】

이 멋진 축제는 또한 라오스 전역에서 안거일이 끝날 때 열린다. '라이흐아파이'는 '강에 떠 있는 빛나는 배'라는 뜻이기 때문에 근처에 강이 있으면 좋다. 모두들 '나가'에게 새해 행운을 빌고 마을 사람들은 소용돌이 모양의 종이로 만들어진 용과 꽃으로 갑판을 장식하고 향과 초를 피운다. 또한 촛불 행렬은 마을을 지나 강둑으로 행진한다.

'나가'는 커다란 뱀의 형상을 한 불교의 신이다. 라오스 신화에서 '나가'는 강에 사는 마법의 힘을 가진 암컷 뱀을 일컫는다. '나가'는 생명을 불어넣는 존재로서 모든 이들이 신성하게 여기며 특히 물은 생명체에게 중요한 원천이라고 믿는다.

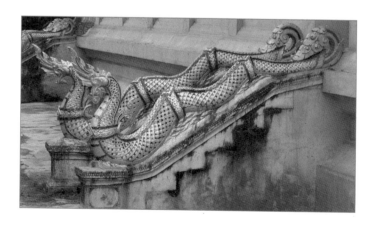

• 메콩강 드래곤 보트 경주 •

라오스에서 가장 기억에 남는 경험 중 하나는 드래곤 보트 경주에 참가한 것
이다. 쉽지는 않았지만 두 달간 매주 훈련을 하면서 경기 준비를 했다. 나는
비공식적인 국제여성팀 소속이었고 비엔티안에서 차로 30분 떨어진 인적이
드문 반사이퐁누아라는 마을에서 훈련을 받았다. 사륜구동 자동차를 가진 팀
원들 덕분에, 빨랫줄과 임시 거주지를 지나 강에 이르기까지 좁고 울퉁불퉁
한 숲길에서 안전하게 길을 찾을 수 있었다. 그곳에서 순수한 아이들은 외국
인들을 신기한 듯 쳐다보며 수영하고 있었다.

드래곤 보트를 타고 노를 저을 때 확실히 배울 수 있었던 한 가지는 수를 세
는 법인데, 협력하여 노를 저어야 하기 때문에 배에 탄 50명은 가능한 한 크게
수를 세어야 했다. 또한 때에 따라 규정을 살짝 위반할 수도 있으며 그에 따른
유연한 태도가 필요하다는 것도 배울 수 있었다.

팀에 합류할 마을의 소녀(소년)들이 충분하지 않았기 때문에 어느 누구도 혼
합팀이 경기에 참여할 자격이 되는지에 대해 문제를 제기하지 않았다. 결국
연령, 인종에 관계없이 모두 경기에 참여했다.

규칙과 규정에 대한 그들의 비공식적인 태도는 놀라웠지만 반칙을 하겠다
는 의미는 없었다. 경기 참여자들은 언어장벽에도 불구하고 모두 진흙투성이
로 즐겁게 경기에 임했다.

강 위든, 길거리이든, 기둥이든 어디를 보든지 환하게 불이 켜진 등불과 촛불을 든 방문객들의 행진을 볼 수 있다. 사람들은 부유물에 의식적으로 불을 붙이고 떠내려 보낸다. 작은 연단에 놓인 헌화된 꽃들도 함께 물에 띄우면 분위기는 한껏 고조된다.

가족 행사

가장 중요한 가족 행사는 며칠 동안 큰 축하 행사로 이어지며 비용이 가장 많이 든다. 이는 가족들이 저축한 돈을 사용하거나 돈을 빌린다는 것을 의미한다.

【 전통 결혼식 】
라오스의 전통 결혼식은 민족 문화에 따라 다양하다. 일반적으로 결혼식은 신부의 집에서 열리며 많은 친척이 참석하고 언제나 즐겁다. 아침에 열리는 결혼식이 더 좋다고 여겨졌지만, 오늘날 사람들은 그들의 일정에 맞춰 오후에 결혼식을 하기도 한다.

　전통적으로 '수코르'라고 알려진 프러포즈 후에, 신부 가족에게 공식적으로 결혼을 요청하고 신부에게 줄 돈의 액수 또는 금을 제안하기 위해 사절을 보낸다. 가까운 친구나 친척들만 참석하는 결혼 축하 파티의 일종인 '웅동'도 열린다. 그들은 '파콴'이라고 불리는 장식용 화관과 음식 준비를 도우며 신부의 어머니나 가족 중 나이가 많고 존경받는 여성이 침대를 준비한다. 신랑, 신부의 가족들은 축복을 받고 일반적으로 결혼한 첫해는 신부의 가족과 함께 산다. 예식을 위해 그들은 아름다운 전통 혼례복을 입는데, 신부는 금장식을 하고, 신랑은 흰색 또는 크림색 실크 셔츠를 입는다.

예식 초반의 바시 의식은 노래와 함께 신랑, 신부에게 축복을 전한다. 신랑과 신부는 서로에게 달걀을 먹여주고 화합의 의미로 서로의 손목에 흰색 줄을 묶어준다. 결혼식은 보통 이틀간 진행된다.

【출생】

출생과 죽음은 중요한 일이며 이에 따른 전통은 민족에 따라 다양하다. 출생 후 처음 3~4주간은 부적과 출생과 관련된 물건들이 사용되며, 이 시기를 '유듀아네'라고 부른다. 대부분의 산모들은 고기를 먹지 않거나 자궁을 말리기 위해 침대 밑에 약초를 가열하는 화덕을 며칠 동안 놓아두는 것 같은 특별한 전통을 따른다. 또한 산모가 몸을 회복하고 기운을 되찾을 수 있도록 '유캄'이라 불리는 의식을 치른다.

【죽음】

라오스의 불교 신자들은 죽으면 다음 생이 기다리고 있다고 믿기 때문에 비교적 쉽게 죽음을 받아들인다. 시신은 보통 집 안의 관에 안치되고, 조문객들은 옷을 차려입고 간단한 음식이나 돈으로 조의를 표한다. 시신을 화장한 후에는 전통 의식들이 연이어 열린다. 장례식은 결혼식 다음으로 가장 많은 비용이 든다.

시신은 화장되고, 멀리서 많은 사람들이 기도와 의식에 참여하여 고인에게 조의를 표한다. 고인의 물건은 그 옆에 놓이고, 화장된 재가 식으면 금과 같이 화장할 때 타지 않은 물건들과 함께 단지에 넣어 가져간다. 3일 후, 불교 관례에 따라 도움을 준 승려들에게 희사금을 주기도 한다.

라오스인들은 질병과 죽음을 받아들이는 외국인들의 방식에 놀라움을 감추지 못한다. 그들은 노인들이 죽을 때까지 집에서 돌보고 시신이 화장될 때까지 모시는 것이 의무라고 생각하기 때문이다. 라오스인들은 외국인들이 장례 행위를 병원

이나 다른 사람들에게 맡기는 것 그리고 고인을 애도하는 방식을 이해하지 못하기도 한다.

정령

라오스에서 사회생활과 가정생활은 종교적 관습에 의해 매우 큰 영향을 받는다. 정령에 대한 믿음과 조상 숭배는 그들이 믿고 있는 종교의 핵심이며 초기의 관습들 중 많은 부분을 흡수한 테라바다보다 먼저다. 정령들은 자연, 물, 돌, 논, 숲, 산과 같은 일상생활에서 중요한 곳에 있으며 마을이나 집을 보호하는 것으로 알려져 있다.

특정한 물건이나 심지어 악기조차도 정령이 있을 수 있다고 믿는다. 예를 들어 흐몽족은 정령이 깃들어 있다고 믿는 악기를 연주하여 집 정령을 모신다. 켄(하모니카)으로 연주되는 특정 음악이 있으며 이는 악기의 정령에게 바쳐진다.

많은 사람들은 여전히 선과 악의 다양한 정령들이 있다고 믿고 있으며 그 정령들은 존경과 명예를 얻거나 아니면 길들이거나 내쫓을 필요가 있다고 생각한다.

진료소와 병원은 고대 전통에 의지하여 병을 낫게 해달라고 기도하는 사람들에게 영향을 미쳤고 오늘날의 라오스인들은 기꺼이 의사와 간호사를 믿는다. 하지만 지방에 거주하는 사람들은 여전히 의식을 행하고 정령들에게 기도하고 용서를 구한다. 특히 타이담과 같은 외딴 지역의 사람들은 아픈 가족들을 치료하기 위해 제물이나 희생물을 바친다. 외국인들은 병을 의심하고 과학적인 해결책을 구하려고 하지만, 이 순진한 사람들은 그것을 업보나 가족의 보호령이 그들이 저지른 죄를 묻기 위해 내린 벌이라고 여기는 경우가 많다.

04

사교생활

라오스인들은 따뜻하고 사람들을 환영하며 예의 바르고 호기심이 많다. 하지만 그들이 우리와는 다른 배경과 환경을 갖고 있다는 것, 어느 정도의 경외심을 갖고 우리를 바라볼 수 있지만 우리를 진심으로 이해하지 못한다는 것 그리고 외국인들이 사람을 사귈 때 당연하게 하는 레저 활동을 즐길 여유가 없다는 것들을 받아들이는 것은 매우 중요하다.

라오스인들에게 가족 그리고 전통적으로 밀접한 관계에 있는 지역공동체는 매우 중요하다. 지난 수십 년간 세상은 진보했지만 라오스는 교통수단 부족으로 고립되어 있었다. 오늘날의 사람들은 일자리를 얻기 위해 또는 그들의 아내를 멀리 떨어진 시장에 데려다주기 위해 오토바이를 사용할 수도 있겠지만 대부분은 외부로 나가지 않기 때문에 지역공동체를 제외하고 사람들과 친분을 쌓을 수 있는 기회가 거의 없다.

친구 사귀기

외국인 방문객들과 외국인 근로자들은 그들의 언어로 의사소통을 하며 개개인의 생활방식을 이해하게 된다. 카페, 게스트하우스, 호텔, 국제학교, 도서관, 외국인 근로자 모임 또는 모금 행사 등이 만남의 장이 된다. 이러한 행사에서 만나게 되는 라오스인들은 호화롭게 살 여유가 있는 극소수의 사람들이다.

물론 이 책에서 언급된 비엔티안과 루앙프라방 같은 도시의 사람들에게는 외국인이 익숙하다. 하지만 외딴 지역에서는 외국인을 거의 볼 수 없기 때문에 산간 지역이나 농촌을 방문하는 것은 매우 색다른 경험이 될 것이다. 그곳의 거주민들과 만나고 교류하는 것은 예외적인 경험이 될 수 있다는 뜻이다. 방문객들은 농촌의 지역 행사에 초대될 수도 있지만 행사가 열리는 장소가 개방된 공간인지 마을회관 또는 누군가의 집인지 알 수 없을 수도 있다.

현대 의사소통 기술의 발달로 라오스인들과 외국인들의 온라인 데이트는 급속하게 증가하고 있다. 사람들은 직접 얼굴을 보기 전에 관심사를 물어보며 서로를 알아간다. 라오스인들은 더 이상 마을의 원로나 종교 또는 공동체 지도자의 조언에 의존하지 않는다.

라오스인들과의 상호작용

라오스는 정치적 역사로 인해 몇 년간 침체되어 있었지만 국민들은 기본적으로 호기심이 많다. 오늘날 많은 변화가 일어나면서 라오스인들은 외국인들과 이야기 나누는 것을 즐기게 되었다. 하지만 언어장벽은 외국어 교육을 받은 특권층과 그렇지 못한 계층의 불균형 문제를 드러낼 수 있다.

사람을 알아가는 것은 가볍게 만나는 것과는 별개다. 라오스인들은 따뜻하고 사람들을 환영하지만, 일반적으로 외부에서 가족 행사를 치르기 때문에 그들의 집에 초대받는 것은 매우 드문 일이다. 현관에서 술 한 잔 권할지는 몰라도, 집을 보여주는 것은 꺼릴 것이다. 라오스인들은 예의 바르고 호기심이 많다. 하지만 그들이 우리와는 다른 배경과 환경을 갖고 있다는 것, 어느 정도의 경외심을 갖고 우리를 바라볼 수 있지만 우리를 진심으로 이해하지 못한다는 것 그리고 외국인들이 사람을 사귈 때 당연하게 하는 레저 활동을 즐길 여유가 없다는 것들을 받아들이는 것은 매우 중요하다.

　　그러나 라오스인 가족과 친해진다면, 그들은 다른 사람의 집을 방문할 때 갖춰야 할 예의를 까맣게 잊은 채 근처에 있었다는 이유로 예고도 없이 당신 집에 들를지도 모른다. 또한 당신이 라오스인 가족을 초대한다면, 그들이 약속 시간에 도착할 수 있을지 알 수 있는 길이 없을 것이다.

　　1975년까지 프랑스어는 주요 학문 분야 및 정부에서 사용하는 언어였다. 이는 현재까지 이어져 여전히 프랑스어에 능통한 나이 든 관료들은 자리를 지키고 있고 그중 일부는 프랑스에서 교육을 받은 사람들이다. 1975년 이후, 러시아어와 다른 동유럽 언어들을 배울 수 있는 기회를 얻게 됨으로써 이 같은 현상은 더욱 명백해졌다. 체코슬로바키아나 폴란드에 살았던 그 세대의 사람들을 만나는 것은 어려운 일이 아니며 아마도 동유럽권의 언어를 구사할 수 있다고 할 것이다. 하지만 그들은 자신이 겪은 힘든 경험에 대해 말하는 것은 꺼린다.

【 전통 가치 】

라오스인들은 여전히 전통적인 도덕적 가치와 진실성을 지키고 있으며, 종교는 커다란 존경을 받는 승려들과 함께 큰 역할을 하고 있다. 세계화를 강조하고 있는 세상에서 살고 있는 외국인들에게 이는 경이로운 일이 아닐 수 없다.

고난 앞에서 자연스레 삶을 받아들이는 것은 실로 겸허한 것이다. 라오스인들은 최근의 정치사를 잊고 조용히 그리고 인내심 있게 더 나은 삶을 기다리며 꿈꾼다.

【 스포츠와 게임에 참여하기 】

지역 사람들과의 상호작용을 가장 자연스럽게 강화시키는 방법 중 하나는 스포츠다. 축구에서 핸드볼, 심지어 경주와 게임에 이르기까지 매우 다양하며 인근 지역에 살고 있는 외국인 아이들, 자원봉사 하는 의사들, 혹은 젊은 NGO 자원봉사자들까지 누구든 참여할 수 있다. 의사소통이 안 되더라도 모든 사람들은 스포츠를 즐기고 이해할 수 있다. 참여하는 것만으로도 충분히 즐거운 시간을 보낼 수 있으며 좋은 추억이 된다.

인사

'사바이디'라는 인사말은 가장 일반적이며 기억해야 할 말 중 하나일 것이다. 말 그대로 '잘 되고 있다'는 뜻으로 사회적으로나 사업상의 만남에서나 모든 경우에 사용된다.

라오스인들은 기도하는 자세로 살짝 고개를 숙인 채 '놉'이라는 인사를 하여 예의와 존경을 나타낸다. 이때 윗사람과 눈을 마주치지 않도록 주의해야 한다. 그러나 그들은 외국인에 대해 호기심이 매우 많아 몇 살인지, 결혼은 했는지와 같은 당황스런 질문들을 던지기도 한다. 혁명 후에는 사회적 관계를 위한 '놉'을 하지 않았지만 요즘에는 어디에서나 볼 수 있는 인사법이다.

환대

라오스인들은 가족 행사에 자부심을 가지고 있으며, 외국인 방문객이 참석하는 것을 환영한다. 공식적인 가족 행사에 손님을 초대할 때 기념품으로 간직할 만한 초대장을 주기도 하지만 보통은 행사 바로 며칠 전에 초대될 것이다. 그들은 마을 공동체나 가족들을 통해 그들의 행사가 알려지길 바란다.

모든 사람들이 행사에 참석하기 위해 차려입고, 부유한 지역 사람들의 경우에는 매우 호화로울 수 있다. 라오스에 머문 지 얼마 되지 않은 외국인이라면 서양식 드레스를 입겠지만 시간이 흐르면서 남녀 모두 '씬'이라 불리는 치마와 직접 만든 실크 띠, 상의, 셔츠 같은 맞춤 의복을 구입하고 입는 것을 즐기게 된다.

라오스에서는 기업이나 협회가 주로 화려한 파티나 행사를 주최하는데, 이는 그들의 수준에서는 일반적인 예산이다. 외국인 방문객들은 라오스의 사회경제적 상황을 비추어 볼 때 이러한 행사가 의아할 수 있겠지만 그렇다고 참석하지 않는다면 불쾌감을 줄 것이다.

> ● **어디 가세요? 산책하고 있어요** ●
>
> 라오스에서는 '안녕하세요?'보다는 '어디 가세요?'가 더 많이 쓰이는 인사 표현이다. 일반적으로 '산책하러 간다'는 뜻으로 '코이 페이 린'이라고 대답한다.
>
> 외국인들은 단순한 안부인사가 아니라 대화를 시작하는 것 같은 인사말에 당황하기도 하지만 곧 이것이 일반적인 인사말이라는 것을 알게 되고 예의 바르게 답하며 자연스럽게 어울리게 된다.

라오스인의 집 방문하기

라오스인들은 매우 친절하고 음식과 음료를 나누는 것을 좋아한다. 단기 방문객들도 가끔 가족의 중요한 행사에 초대되기도 한다. 사찰이나 다른 장소에서 열리는 행사에 초대될 수도 있지만, 가정집에 초대되는 것은 흔한 일이 아니다. 일부 부유한 라오스인은 그들의 새로운 집, 고용인들, 서양식 가구를 보여주고 싶어 하기도 한다. 하지만 경찰과 정부기관은 여전히 외국인이 가정집에 묵는 것을 달가워하지 않기 때문에 보통의 라오스인들은 손님이 집에 머무는 것을 꺼린다.

【 신발 벗기 】

라오스의 가정집에 들어서면 손님들은 신발을 벗어 집 밖이나 계단에 놓아둔다. 이는 작은 가게나 식당 한편에 집이 있는 경우에도 똑같이 적용된다. 가게나 게스트하우스, 집 밖에 신발들이 쌓여있다면 당신의 신발도 그곳에 두어야 한다. 이러한 관습적 요구 사항이 항상 있는 것은 아니며 사람들에게 신발을 벗으라고 써놓은 표지판도 거의 없다. 아시아 어느 곳에서나 행해지는 일반적인 에티켓이다. 신발을 놓을 수 있는 선반을 보았다거나 밖에 늘어선 신발을 보았다면 신발을 벗는 것이 좋다. 일부 상점에서는 실내에서 신을 수 있는 라탄 슬리퍼를 제공하기도 한다.

【 식사 예절 】

라오스인의 집이나 사무실을 방문하면 대개 물을 대접받게 되는데, 목이 마르지 않더라도 받는 것이 예의며 물을 다 마시지 않더라도 한 모금이라도 마시는 것이 좋다. 식사를 할 때 컵에 담긴 물을 마시기 시작하면 식사를 마쳤다고 생각할 것이다.

라오스에서의 존경과 명예는 공동체의 어른들에게 표현되고, 경의는 높이에 의해 나타나는데, 이는 나이가 적거나 지위가 낮은 사람은 항상 눈높이 아래에 있어야 한다는 것을 의미한다. 과거에는 어른들이 마루에 앉아있으면 손님들도 똑같이 마루에 앉아있어야 했으며 방석을 주기도 했다. 요즘은 어

른들은 의자에 앉아있고, 젊은 사람들은 바닥에 방석을 깔고 앉는다. 바닥에 앉을 때 남성은 다리를 꼬고, 여성은 다리를 한쪽으로 접는다. 그들이 손님에게 주는 차나 물, 과일을 거절하는 것은 무례한 행동이다. 집을 돌보는 고

용인들은 눈을 마주치지 않으며 앉아있는 사람을 지나갈 때는 몸을 살짝 구부리고 지나간다.

모든 사람들은 방석에 앉아서 식사를 하고 손님의 머리 높이보다 낮은 자세를 유지해야 한다는 전통에 따라 쪼그려 앉아 식사를 대접할 수도 있다. 사람이나 음식을 건너가는 것은 예절에 어긋난 행동이고 이로 인해 그들이 음식을 먹지 않을 수도 있기 때문에 주의해야 한다.

라오스인들은 식사 전에 항상 손을 깨끗이 씻는다. 그들은 식사할 때 손가락을 이용하지만, 포크나 숟가락을 사용하기도 한다. 차진 밥은 오른손과 손가락만 사용하여 먹고, 마지막에 남은 음식이나 주스를 비우기 위해 밥을 동그랗게 만들어 그릇을 훑는다. 국수는 젓가락과 숟가락을 사용하여 먹는다.

선물 준비하기

무엇을 가져가야 할까? 행사의 종류에 따라 다르지만 비공식적인 파티(라오스인들은 대부분 음식을 가져온다)에 당신 나라의 대표적인 장식품, 기념품, 와인 또는 향수 같은 상징적인 선물을 가

저가면 언제나 환영받는다. 일부 가정에서는 과일도 사치품이 될 수 있기 때문에 선물로서 좋으며, 선물은 항상 오른손으로 줘야 한다.

이름을 지어주는 의식이나 결혼식의 경우, 현금은 널리 통용된다. 돈은 봉투(초대장이 들어 있었던 봉투가 사용되기도 한다)에 넣고, 행사 장소에 비치된 상자에 넣는다. 이때 돈의 액수는 신랑, 신부 그리고 그 가족과의 관계에 달려 있다.

감사카드는 당연히 고마워하지만 꼭 필요한 것은 아니다. 라오스인들은 서로에게 호의 또는 선물로서 고마움을 표현하기 때문이다.

외국인들은 조각된 상아나 멸종 위기에 처한 동물의 가죽으로 만든 제품을 선물로 받기도 하는데, 이러한 것들은 나라 밖으로 반출이 불가능할 수 있다.

외국인 모임에서 알아야 할 사항

라오스는 도시에도 인구가 많지 않기 때문에 외국인 방문객들은 다양한 신분의 사람들과 만날 수 있다. 라오스인들은 개방

적이고 호기심이 많으며 따뜻하기 때문에 그들과 교류하는 것은 라오스 사회를 알 수 있는 가장 좋은 방법이다. 그러나 외국인들은 다른 나라에서 온 외국인들을 만나는 것도 좋아한다. 재밌는 점은 현대의 민주주의 국가에서 그들이 받은 다양한 교육과 배경의 영향으로 언어뿐만 아니라 사고방식 자체도 다르다는 것이다.

외국에서 온 외국인과 현지에서 체류하고 있는 외국인들이 만나는 곳에는 그들만의 작은 세상이 존재하고 모두가 같은 장소에서 사회적 교류를 한다. 이러한 장소는 호텔과 배낭여행자들이 모이는 곳(같은 여행 코스로 전국을 다니며 회의를 하는 특정 장소), 식당, 카페뿐만 아니라 전시회 개막 행사, 문화 저녁 행사, 토론, 기타 행사들을 예로 들 수 있으며 인터넷이나 소셜미디어에 종종 게시되기도 한다. 이곳에서는 고위 관료, 외교관, 학자, 의사, 기업가, 자원봉사자 등 다양한 계층의 사람들과 대화를 나눌 수 있다.

독일 대사관에서 주최하는 영화 상영이나 문화 집회와 같은 행사도 있다. 독일 대사관 건물은 중심지에 있고, 냉전 시대의 동독 대사관에 대한 관심까지 더해져 완벽한 모임 장소가 된다. 러시아 대사관은 1980년대부터 요지에 위치한 거대

빌딩에 있으며 러시아 사람들은 이곳에서 모인다.

프랑스인들은 맛보지 않을 수 없는 프랑스 요리와 함께 많은 문화 행사를 주최한다. 그들은 1900년 사이공에 설립된 프랑스 국립 극동 연구원 같은 다양한 문화기관에 프랑스 식민시대의 오랜 유산을 간직하고 있다. 오랫동안 전통적으로 프랑스어와 영어에는 격차가 있었지만 시간이 흐를수록 라오스에 미치는 호주와 아시아 국가들의 영향력이 커지고 있기 때문에 오늘날 영어는 라오스에서 가장 중요한 언어가 되었다. 이러한 현상은 라오스인들의 운명론적 사고방식인 보펜양의 또 다른 예다.

05

일상생활

개방과 함께 라오스인들의 생활도 변화하고 있다. 하지만 이 같은 변화는 외국인들이 도시라고 인식하는 비엔티안과 다른 지역의 중심도시에 국한된다. 대부분의 라오스 여성들은 가정 일에 집중하며 식사를 담당하고 남성들은 밭에서 일한다. 여성들은 필요하다면 추수를 돕거나 강에서 일을 돕는다. 아이들은 학교에 가지 않는 날이면 일상적인 일을 돕거나 작은 규모의 생산 작업 또는 수공예품 만드는 것을 돕는다.

가족

개방과 함께 라오스인들의 생활도 변화하고 있다. 하지만 이같은 변화는 외국인들이 도시라고 인식하는 비엔티안과 다른 지역의 중심도시에 국한된다. 이러한 도시들은 주로 산업도시라기보다는 행정도시로서 기능을 하고 있다.

가족 단위는 매우 중요한 요소로 남아있는데, 라오스인들은 여전히 경제 면이나 건강 면에서 돌봄이 필요한 기성세대와 친지들에 대한 의무감과 존경심을 갖고 있다. 특히 일부 지역에서는 계속되는 가난과 식량 부족 문제를 겪고 있음에도 도시와 농촌에서 모두 세대 간의 강한 연대의식을 보여 매우 인상적이다.

여성들은 가정일에 집중하며 식사를 담당하고 남성들은 밭에서 일한다. 여성들은 필요하다면 추수를 돕거나 강에서 일을 돕는다. 라오스의 중요한 식량이자 주식인 쌀 경작을 중심으로 직장, 학교 방학, 종교 축제가 진행된다. 쌀은 우기가 시작되는 4~5월부터 우기가 끝나는 9~10월까지 생산된다. 몬순은 전국의 모든 분야에 큰 영향을 미치는 요인이다.

아이들은 학교에 가지 않는 날이면 일상적인 일을 돕거나

작은 규모의 생산 작업, 또는 수공예품 만드는 것을 돕는다. 소년들은 곧 그들의 아버지를 돕기 시작할 것이고, 소녀들은 14세기부터 이어진 목화와 비단을 짜는 기술을 그들의 어머니로부터 배울 것이다.

일상생활은 매우 고될 수 있다. 남성들은 힘들 때 맥주나 쌀을 증류시킨 술, '라오라오'를 마신다. 일부 주변국과는 달리 여성과 어린이들이 음주 문화에 동참하는 것에 대한 사회적 거부감은 거의 없다. 하지만 영양실조 혹은 물이나 무거운 짐을 드는 것과 같은 노동은 어린이들의 성장을 저해할 수 있다. 대표적인 종교인 불교 덕분에 라오스인들은 이러한 상황

을 그들의 운명으로 아주 잘 받아들이고 있다. '보펜양'이라
는 라오스인의 철학적 인생관은 그들을 이해하는 데 도움이
될 것이다.

농촌생활

농촌 사람들은 계절과 관련된 수많은 농사일을 한다. 그들은
사냥감을 사냥하고, 강과 우물에서 물을 길어오고, 숲에서 다
양한 임산물을 채집한다. 새, 달걀, 과일, 꿀, 작은 사냥감, 약
초, 향신료 및 약품 그리고 숯, 송진, 라텍스, 염료와 같이 많
은 임산물이 일상생활에 필수적으로 필요한 것들이다. 여성들
은 임산물을 수집하고 가공하는 일을 하기도 한다. 숲은 또한
나무, 등나무, 대나무 그리고 다양한 섬유와 같은 구조재의 원
천이기도 하다.

　라오스 마을의 주요 생계수단은 농업, 어업, 임업이고 이동
이나 다른 외부적 요인에 의해 예전 집에서 나왔다면 새로운
가족들과 함께 일한다. 주택들은 서로 가깝게 붙어 있고 일반
적으로 초가지붕이나 물결 모양의 경사진 지붕에 나무와 시멘

트 블록을 사용하여 짓는다. 혈연관계의 친척들만 사는 마을에서부터 여러 지역에서 온 수많은 가족이 함께 사는 마을까지 그 규모는 매우 다양하다. 무앙 마을(태국과 라오스 두 나라에 있다)은 무역, 시장, 행정의 중심지로 부상했다. 라오스인이 대부분인 민족 집단을 포함하여 대략 5,000명이 이곳에 살고 있다.

지난 세기에 불교는 일상에 스며들어 있었고 매우 중요했으며, 승려들은 조언자와 치유자로서 중요한 역할을 했다. 마을 사람들은 사원, 사찰 또는 신성한 경내지에서 주로 기도하고 여전히 지역 사회, 경제, 건강 문제 등 모든 면에 대한 조언을 얻기 위해 승려들에게 많이 의존하고 있다. 승려들은 자연 치유사지만, 흥미롭게도 많은 승려들은 과거에 전사이기도 했다.

촌장(나이반)은 중요한 지도자이자 조언자의 역할을 하며 마을의 세금을 관리한다. 종교 축제는 이들과 다른 마을 주민들을 단결시킨다. 가족 모임에 필요한 음식들을 손님, 가족 또는 가까운 이웃과 함께 준비하는 경우에는 손님을 데려올 수 있다.

연령대가 다른 아이들이 학교 근처의 사원이나 커다란 주택의 입구에서 놀고 있는 것을 볼 수 있을 것이다. 라오스는 관광객들에게 최근에야 개방되었기 때문에 특히 농촌에 사는 사람들은 외국인들에게 매료되어 순수한 호기심으로 그들 주위로 모여들지만 돈이나 선물을 구걸하지 않는다.

농촌 사람들의 약 90%가 쌀을 경작하면서 채소와 과일을 재배하며 닭과 가축을 사육하고 있다. 또한 밭을 갈거나 수레를 끌게 하려는 목적으로 버펄로나 소를 키우기도 한다. 어떤 이들은 담배와 뽕나무를 키우기도 한다. 라오스의 경제시장 전망이 좋아지고 있지만 농촌의 작은 마을에서는 여전히 생계형 농업이 일반적이다. 일감과 음식은 계절 작물, 날씨, 수확기에 따라 다르기 때문에 많은 마을 사람들은 작은 사냥감이나 새를 사냥하거나 대나무, 버섯, 뿌리, 잎과 같이 치료 효과가 있을 수 있는 야생의 식재료들을 구하기도 한다. 그들은 도구와 옷을 직접 만들고, 천과 바구니를 짜며, 의료용품, 비누, 연료, 가정용품 등과 같이 구하기 쉽지 않은 물품들을 마련하기 위해 남는 물건을 교환하거나 판다. 농촌 마을 중 단 3분의 1만이 음식을 파는 시장을 갖고 있다.

현대 기술과 세계화가 많은 라오스인에게 영향을 끼쳤다는 것은 의심할 여지가 없으며 특히 젊은 사람들은 인터넷과 소셜미디어로부터 많은 영향을 받고 있다. 하지만 도시 외곽의 마을들은 좋은 일과 나쁜 일을 함께하는 오래된 전통과 그들의 가족과 이웃을 보살피는 마음을 바탕으로 지역 사회를 온전하게 유지하고 있다. 지배층에 대해 굉장한 존경심을 갖고 있으며, 여전히 몇몇 마을에서는 의복의 직물 디자인을 통해 가족이나 사회적 위치를 나타낸다.

사람들은 마을을 떠나기도 하고 들어오기도 한다. 소년들 중 일부는 수도승으로 뽑혀 수도원에 갈 수도 있는데, 이것은 마을 전체의 큰 자랑거리다. 어떤 이들은 경제적인 이유로 또는 친지들이 살고 있는 마을로 가기 위해 마을을 떠나기도 한다. 뿐만 아니라 마을 하나가 주민들의 이동으로 해체되기도 한다.

【가내 직조 작업】

라오스에서 중요한 마을 활동은 전통 직물과 옷을 만드는 것이다. 들누에고치 실크나 면으로 만든 직물을 손수 정교하게 염색하고 엮는다. 많은 농촌 지역의 가정에는 남성들이 만든 베틀이 있고, 이것으로 여성들은 아름다운 천연색과 과감하고 전통적인 기하학적 디자인을 입혀 직조 작업을 한다.

주택과 아파트

라오스인들은 집과 가정을 신성하게 여긴다. 집에는 사람 말고도 정령이 함께 살고 있다고 믿기 때문이다. 정령은 수호자의 역할도 하지만 집안의 규율을 어기는 사람들을 처벌하기도 한다.

　라오스의 건축물은 경사진 지붕을 받치고 기둥이 있는 전통적인 목조주택이다. 우아한 프랑스 식민지풍의 타일 지붕과 미늘판자 창문이 달려있으며 현대 도시적인 주택과 아파트의 형태를 띠고 있다. 오늘날 시간이 지날수록 품질이 떨어지는 전통적인 목재는 실용적인 디자인과 건축 자재로 대체되고 있다. 위층에는 사람이 살고 아래층에 상점이 있는 다른 형태의 주택들은 태국식과 중국식 주택의 영향을 받았다. 다른 민족 집단(흐몽족, 이우미엔족 등)이 살고 있는 북부 산악 지역의 주택은 혹독한 겨울 날씨를 견디기 위해 지면에만 지어지고 지붕은 땅에 닿을 수 있도록 아래쪽으로 경사져 있다.

　빈곤한 경제 상황 때문에 대부분의 가정은 대가족이며 농

촌 지역의 경우 집 아래층에서 가축을 키운다. 마찬가지로 강 가의 위생시설이 취약한 가정도 생계를 위해 강을 의지하기도 하고 또는 나쁜 목적으로 이용하는 경우도 적지 않다.

혹독한 가난 속에서 살고 있는 사람들과 행정적으로 기록되지 않거나 알려지지 않은 수단으로 부를 축적한 사람들, 즉 최고 엘리트 계층의 삶을 선도하는 사람들 사이에는 매우 커다란 격차가 있다. 수도에는 부유한 라오스인들의 호화로운 주택이 점점 더 늘어나고 있다. 부유한 사람들은 큰돈을 벌 수 있지만 노동자들은 하루에 5달러 정도의 아주 적은 임금을 받는다. 최저임금은 현재 월 110만 킵이며, 근무일수는 26일이고 일요일만 쉰다.

일부 주택은 구체적인 도시 계획, 건물 골조 그리고 외국인들이 필수라고 생각하는 기반시설이 없는 곳에 지어진다. 수요가 증가함에 따라 대도시에 서비스형 아파트 단지들의 공급이 늘어나고 있는데, 현지인들은 이를 감당하기 힘들며 대부분 외국인들을 위한 것이다. 토지 소유자와 부동산 개발업자들은 그들의 이익을 극대화하기 위해 건물대지의 면적을 줄이고 고층건물을 짓기 시작했다. 그 결과 고층건물들의 밀도가 매우 높아졌다. 실제로 건축 법규를 지키거나 이행하는 경우는 거의 없으며 일부 주거지는 창문 없는 방이 있을 정도로 빽빽하게 채워진다. 위성 안테나에서 보면 도시에서 멀리 떨어진 곳도 평범한 주택도 지평선 위에서는 하나의 점일 뿐이다.

가정

라오스인들은 아무리 비좁은 집이라도 가족이 모두 함께 사는 것을 당연하게 여긴다. 여러 세대가 한 집이나 한 지역에 살면서 같이 먹을 것을 요리하고 바닥에 앉아 함께 먹는다. 방문객이 있다면 그들은 자연스럽게 함께 식사할 것을 청한다. 더운 날의 점심식사는 길어지기도 한다.

가족들은 생계를 위해 논에서 함께 열심히 일하며 최선을 다해 서로를 돕는다. 그들은 이사 간 친지들과도 연락을 유지하며 결혼식, 출산, 장례식 또는 새집 이사와 같은 중요한 행사에 그들이 참석하기를 기대한다. 이웃들도 또한 이러한 행사가 있으면 들러서 축하하기도 한다.

가족 구성원 모두 일이나 가족 문제에 서로를 지지하고 응원하며 일과를 함께한다. 그들은 조부모에게 존경을 표하고 순종하며 그들의 뜻을 거스르지 않는다. 이러한 점을 통해 외국인들은 라오스인에 대한 식견을 높일 수 있다.

매반, 가사도우미

'집안의 어머니'라는 뜻의 '매반'은 집안일을 하는 사람이다. 부유한 라오스 가정에서는 요리하고, 청소하고, 아이들을 돌볼 가사도우미나 한 팀으로 구성된 직원들을 고용할 것이다. 고용인이 외딴 농촌 지역 출신이라면 특별한 일이 있어 고향에 내려갈 때를 제외하고는 평상시에 고용주 가족과 함께 살

것이다.

기초교육(많은 사람이 읽지도 쓰지도 못하지만) 덕분에 말하고 읽고 쓸 수도 있는 이 평범한 여성들은 열심히 일하고 허리를 굽혀 인사하며 뒤로 걸어 다니는 행동으로 고용주들에게 존경의 뜻을 표한다. 라오스에서 매반을 고용할 수 있다는 것은 부의 상징이 되었다.

가족과 함께 살고 있는 외국인 거주자들은 도우미와 유모 없이는 매우 곤란한 상황에 처할 것이다. 이들은 요리하고, 청소하고, 아이들을 잘 돌볼 뿐만 아니라 시장에서 부지런히 장을 보고, 통역도 해주고, 고지서를 처리하며(고지서는 라오스어로 쓰여 있으며 일반적으로 대문에 아무렇게나 꽂혀있음), 정원사나 운전사로 일할 친척들을 소개해주기도 한다. 이들 중 다수는 오토바이를 타고 일터까지 하루에 20km 정도 이동한다.

외국인 고용주들은 고용인들의 복지에 많은 신경을 쓰고 있다. 대부분의 고용인들은 두 가지 언어를 쓰거나 말할 수 없기 때문에 더 나은 의사소통을 위해 영어나 프랑스어 교육을 받기도 하고 고용주들이 좋아하는 음식을 능숙하게 만들 수 있도록 요리 강습도 받는다.

훌륭한 매반과 수행원들은 라오스를 떠나는 고용주 가족

에게 다른 가족을 소개받기도 하고 거의 대부분 다른 가정에 고용될 때까지 같은 집에서 끝까지 일한다.

지역 시장

라오스에는 훌륭한 지역 시장이 많지만 마을 시장은 관광객들을 실망시킬지도 모른다. 마을 시장에는 항상 그림 같은 열대 과일 같은 것만 있는 것이 아니기 때문이다. 마을 시장에서는 집에서 남는 물건을 팔거나 비누, 석유, 약품, 마을에서 사기 어려운 물건들이나 생필품과 교환하려고 나온 사람들이 많기 때문에 마을 시장의 물건들은 소규모이고 기능 중심적이다. 과일, 채소, 쌀, 생선, 가축, 직조된 옷, 바구니, 담배 등 모든 물건은 땅바닥이나 임시로 만들어진 나무 테이블에 놓는다.

그러나 방문객들은 지역 경제를 지탱해주는 관광객이 부족한 이러한 시장에서 라오스의 전통마을과 농촌생활에 대한 견문을 넓힐 수 있다. 수다 떠는 여성들, 이리저리 뛰어다니며 웃고 노는 아이들, 꼼꼼하게 물건을 살펴보는 쇼핑객들이 있으며, 가끔 의사소통을 하기 위해 애쓰는 외국인들을 볼 수 있

다. 이러한 경험은 언어를 연습할 수 있는 좋은 기회다.

라오스의 마을 노점상들은 외국인에게 물건 값을 올려서 팔 생각을 하지 않기 때문에 다른 나라에서는 익숙한 가격 흥정이 이곳에서는 부적절하고 부당한 일이 되기도 한다. 대부분의 라오스인은 거래 경험이 거의 없는 정직한 사람들이다.

어떤 마을에서는 사람들이 먼 곳에서 수공예품을 가지고 방문하면, 종교 축제와 연합하여 1년에 두 번 큰 시장이 열린다. 요즘에는 확성기를 통해 저녁에 시끄러운 음악이 나오기도 하지만 이는 또한 젊은이들과 노인들이 서로 교감하고 교류할 수 있도록 해준다.

가족의 형태

어디에서나 그러하듯이 사는 곳과 경제적·사회적 지위, 그리고 여러 가지 요인에 따라 라오스의 가정은 매우 다양한 형태를 보인다. 흥미로운 것은 라오스는 모계와 부계의 전통이 모두 존재하는 몇 안 되는 나라들 중 하나다. 혈통이 핵심인 사회에서 일부 민족 집단의 여성들은 공동체의 중요한 역할을 하며 반대로 남성들은 가정을 돌본다. 이러한 현상은 라오룸족에게서 명백하게 드러난다.

그러나 이 집단에서도 여성이 우위에 있을 뿐 마을의 촌장이 되고 존경을 받는 사람은 남성들이다. 여성들은 라오여성연합을 통해 마을 여성의 요구를 대변하는 역할만 한다. 라오스에서 현대적인 직업을 갖고 있는 사람들도 남성들이다. 그리고 여기에는 분명한 성 불평등이 존재한다.

농촌 지역의 문맹률은 여전히 매우 높으며 전국 각지에 걸쳐 대처해야 할 빈곤과 영양실조는 계속되고 있다. 재정착은 가족 상호 간 오랫동안 이어져 온 부양 형태에 타격을 주기 시작했다. 부분적으로는 전통적인 생계수단을 잃게 만들었고 또한 이주나 대안 주택 때문에 가족 구성원들이 떨어져 살기도 한다.

가족들은 특히 가족 구성원 중 누군가가 병원에 입원해야 하거나 의사나 전문가들과 상의해야 할 때 서로에게 큰 힘이 되어준다. 가족 보호자는 환자와 많은 시간을 함께 할 것이고, 환자 자신보다도 먼저 환자의 상태에 대한 정보를 얻는다. 이는 환자가 불필요한 스트레스를 받지 않도록 하게 하기위함이다. 또한 가족 보호자는 환자에게 음식을 가져다주기도하며, 환자가 혼자 있지 않도록 병원 침대 옆에서 밤을 샌다. 동시에 그들은 환자의 더 나은 미래를 위해 마을의 치유사와 상의하고 정령들에게 제물을 바친다.

이름과 성

라오스에서 공식적으로 이름과 성을 사용하게 된 것은 기록의 필요성을 인지한 프랑스 식민지 정부에 의해서였다. 이는 왕족과 상류층에서 먼저 시작되었고 점차 국민 전체로 퍼져나갔다. 이름 뒤에 성이 따라오는 서양식을 따르고 있다. 흐몽족의 이름은 성 뒤에 이름이 따라오는 중국식을 따르지만, 정부는 이름 뒤에 성이 따라오는 서양식을 권장한다. 하지만 외딴 곳에 사는 민족 집단은 여전히 성 없이 살고 있다. 그리고 이들의 언어는 문자로 기록되어 있지 않다는 점을 주목해야 한다.

불교 경전을 통한 팔리, 산스크리트어의 언어적 영향과 현대의 행정 절차상의 필요성을 고려하여 라오스에서 이름과 성은 일반적으로 라오스어와 외국어의 조합으로 이루어져 있으며 자연, 동물, 천문, 왕족의 이름을 반영하여 다양하게 지어진다. 이름은 두세 개의 단어로 구성될 수 있는데, 영어로는 열 자에서 열다섯 자까지며 라오스에서 학교를 다니는 서양 아이들은 그들의 친구의 이름인 '수파무우쿠네'를 그들의 부모들보다 훨씬 더 쉽게 기억한다. 또한 식민지 시대와 다른 언어적 영향으로 다양한 철자법이 혼재하여 혼란을 유발한다. 심지어 란쌍 왕의 이름인 술리야웡사도 비학문 저널에서는 다르게 표기된 것을 볼 수 있다.

라오스에서는 공식적인 자리에서 이름만 부르는 것이 일반적이며, 라오스의 많은 사람은 재미를 유발하거나 익살스러운 별명 혹은 과거의 어떤 것을 상기시키는 별명을 갖고 있다. 후자는 악령을 물리치고 아이들을 건강하고 안전하게 지켜주는 별명으로 고대 미신에 바탕을 두고 있다. 과거에 유치원에 다니는 아이들은 이름이 불운의 징조를 나타낸다면 자주 바꾸곤 했다. 대부분의 부모들은 공식적으로 이름을 변경하는 것을 원하지 않는다. 이름을 변경할 때 외국인들이 생각하는 의무적인 행정 절차가 라오스에는 없다.

라오스인들의 별명은 외국인들에게 무례하거나 바보같이 들릴 수도 있지만 일반적으로 애정의 표현이며 노래를 부르는 것같이 들린다. 예를 들어 어떤 아이가 통통하다면 날씬한 것을 의미하는 '조이'라는 별명과 같이 아이의 상황과 반대되는 별명을 붙인다. 이러한 별명은 오리, 생쥐 또는 곰과 같은 동물(페드, 모우, 미)들의 이름을 활용하기도 한다. 일반적인 별명은 물고기를 의미하는 '파'이다.

학교나 대학교에서 학생들은 미스터 케오 또는 미세스 밧사나처럼 이름 앞에 미스터 또는 미세스를 붙여 선생님의 이름을 부르기도 한다. 인기 있는 여자아이들의 이름 중 하나인 밧사나는 별을 의미한다. '찬마리'는 월요일의 아이 또는 월요일에 태어난 아이라는 의미이며, 어린이가 태어난 요일을 이름에 활용하는 전통을 따른 것이다. 그 밖에 소녀들의 이름으로는 '찬타데스', '펫마니', '분미', '소시다', '말리사' 등이 있다.

남자아이들에게는 '케오(크리스탈)'가 붙는 이름이 인기 있다. 예를 들면 '케오포통', '케오포사이', 또는 '케오페르수스'가 있다. 그 외에도 '아누콘', '아누사이', '타농사', '타논사이', '분미', '분마' 등이 있다. '찬타봉사'와 '케오마니'처럼 어떤 성은 소리에 따라 소년과 소녀 모두에게 사용된다. 해외에 살고 있는 라오스인들은 보통 서양식 이름에 라오스식의 중간이름을 갖고 있으며 프랑스어나 영어 발음에 맞추어 짓는다.

일반적으로 성은 라오나 라오티안(즉, 라오족 뿌리)에서 유래한다. 예를 들면 '인타라'나 '인타봉' 같은 것이다. '봉'은 성 끝에 흔히 덧붙이며, 두 가지 의미를 갖고 있는데 하나는 산스크리트어로 '가족'이고 다른 하나는 왕족 계통을 나타낸다.

기억해두어야 할 점은 라오스인들은 이름보다는 가족 내에서의 위치로 다른 이들을 지칭하는 경우가 많다는 것이다. 시어머니를 항상 '어머니'라고 부르는 외국인 며느리가 시어머니의 이름을 모를 수 있는 것처럼, 라오스인들과 많은 시간을 보냈다고 하더라도 외국인들은 그들의 실명을 알지 못할 수도 있다.

교육

다른 많은 불교 국가들과 마찬가지로 과거 라오스의 교육은 수도원에서만 실시되었는데, 수도원에서 몇 년간 교육을 받은 승려들은 영적 공동체 혹은 평신도들에게 조언을 해주었다. 라오스에는 문화와 인종적 다양성 때문에 공립학교에 정규 교육 과정이 없다.

승려나 여승이 될 아이들은 무료로 교육을 받는다. 이는 특히 학교 교육을 거의 받지 못하는 농촌 지역의 아이들뿐만 아니라 그들의 부모에게도 좋은 기회로 여겨진다. 1893년 프랑스 지배하에 있을 당시 공교육이 공식적으로 도입되었지만, 일부 마을에는 교사와 교재가 부족할 뿐만 아니라 때로는 학교조차도 없었다.

오늘날, 라오스 정부의 교육에 대한 지원이 제한적이기 때문에 해외 원조와 다양한 기금 모금 활동은 공교육 발전에 있어 매우 중요하다. 많은 어린이가 학교에 다니고 있지만, 거리와 접근성이 문제다. 특히 학교들이 분산되어 있고 '비밀 전쟁' 당시 폭격으로 남은 불발탄의 위험이 도사리고 있기 때문이다. 라오스 아이들은 농사를 하거나 강에서 고기를 잡는 부모를 돕기 위해 어린 나이에 학교를 포기하기도 한다.

　라오스의 국가 교육은 프랑스와 앵글로색슨족의 교육제도
로부터 많은 영향을 받아 이론적으로는 모든 아이가 평등한
교육을 받게 되어 있다. 그러나 다양한 배경을 가진 아이들의
교육을 표준화하는 것은 매우 어려운 일이라는 것이 곳곳에
서 드러나고 있다. 비엔티안에 있는 여러 국제학교에서는 외국
인 직원의 자녀들에게 안정적인 교육을 제공하고 있다. 이처럼
라오스를 포함한 여러 아시아 국가의 교육시스템은 외국의 영
향을 받는다. 일부 부유한 라오스인들도 역시 아이들을 국제
학교에 보낸다. 질 좋은 교육을 위해서라기보다는 아이들이 국

제학교를 다닌다는 것은 그들의 지위를 상징하기 때문이다. 시험 성적을 조작할 수도 있는 일부 사립학교와 달리, 공식적으로 인정된 국제학교에서는 국제 표준 교수요목을 따라야 하며 인증된 시험을 치러야 한다. 다국어를 할 수 있는 아이들이 늘어나고 있다는 점은 국가적으로도 매우 긍정적이다.

라오스에는 현재 8개의 교사 양성 단과대학이 있는데, 이 또한 매우 고무적이다. 점점 더 많은 라오스 학생들은 대학 진학을 열망하고 있으며, 루앙프라방의 수파누봉대학교, 곽세대학교, 사바나케트대학교같이 비엔티안에 있는 라오스 국립대학의 분교들이 다른 도시에서도 개교되고 있다. 일부 대학들

은 라오스의 젊은이들이 공부를 꾸준히 하고 자격을 갖춘 학생들은 나라에 남아 공부를 계속하며 자극을 받을 수 있도록 외국 학자들을 초빙하여 강의를 제공하기도 한다. 라오스로 유학 온 외국인 학생들과의 상호작용 역시 세상에 대한 새로운 관점을 넓힌다.

라오스로 학생과 인턴을 보내는 외국 대학 프로그램, 펠로우십, 장학금 제도 등이 있다. PIA^{Princeton in Asia}, 풀브라이트 장학 프로그램, 프랑스 외무부 이니셔티브 등이 그것이다. 이들 중 상당수는 외국어로 영어를 가르치거나 전문 의과 대학원 과정(헬스 프런티어 등)을 제공하는 등의 교육 서비스를 제공한다. 이러한 과정은 지역 학생들과 국제적인 교수들 간의 긴밀한 상호작용과 학위를 취득한 학생들이 해외에 나가 대학원 과정을 이수한 뒤 궁극적으로 라오스로 돌아올 수 있도록 동기를 부여하기 위해 제공된다.

인터넷과 소셜미디어는 매우 인기 있고, 특히 젊은 사람들은 비록 공간적 제약은 있지만 지속적인 미디어 접속을 바란다. 인터넷과 소셜미디어가 긍정적인 교육 도구라는 것이 입증되기는 했지만, 부정확한 정보와 소셜미디어가 유발하는 집중력 저하, 온라인 생중계 방송 등의 단점들도 있다.

> ### • 인터넷이 주는 영감 •
>
> 인터넷을 활용한 좋은 예로, 루앙프라방의 젊은 수련수사가 라오스의 희망과 변화의 필요성을 말한 오바마 대통령의 연설을 보고 매우 영감을 받아 동료 수련수사들과 함께 매일 온라인 영상으로 그 연설을 보고 외우며 영어를 터득한 것을 들 수 있다.

전통 놀이

놀이는 일반적으로 종교의식, 결혼, 이사 간 가족의 귀환 또는 방문과 같은 가족 행사와 같이 하고 비록 예산은 한정적이지만 이에 맞춰 행사를 준비한다. 음악은 중요한 역할을 하며, 대표적인 라오스의 전통 악기 중 하나로 대나무로 만든 '켄(하모니카)'을 꼽을 수 있다. 지금도 이 악기는 라오스 전역에서 열리는 축제에 사용되고 있다. '켄'은 크기와 음색이 매우 다양하며 6개, 16개 또는 18개의 파이프로 연결되어 있다. 18개의 파이프가 연결된 '켄가오'라고 불리는 악기의 길이는 약 2m에 이른다. 이 악기는 오토바이로 옮기기에 너무 크기 때문에 오늘날에는 거의 연주되지 않는다.

수많은 그림과 이미지에도 등장하는 '켄'은 고대 라오스 악기다. 남중국인들은 '켄'이 라오족과 이산족의 악기임을 알고 있고 크메르와 베트남에도 비슷한 악기가 있다. 그러나 때때로 태국, 중국, 또는 일본의 악기라고 여겨지기도 한다. 성스러운 행사, 정령을 기리는 의식(피반은 마을을 지키는 정령이다), 새집을 축복하는 의식, 수확 시기, 구애, 결혼식과 같은 다양한 축제에서 연주되며 플루트(칠리 아카), 북 그리고 버펄로 나팔처럼 단독으로 연주되기도 하고 다른 악기들과 함께 연주되기도 한다. 이 축제에는 또한 동그라미 동작을 하며 느리게 추

는 커플 춤인 전통 춤 '람봉'이 있다. '람봉'은 라오스에서 가장 인기 있는 춤으로, 라오스 민속 유산의 상징으로 여겨지고 있다. 모든 주요 행사에서 이 춤을 볼 수 있으며 특히 결혼식에서 매우 중요하다. 사람들은 당신에게 함께 춤을 추자고 권유

할 수도 있다.

가수들이 노래할 때 '켄'이 연주된다. '람'은 즉석에서 가사를 만들어 부르는 아름다운 노래다. 가수들은 농촌이나 여성의 아름다움, 마음속에 떠오르는 것, 영감을 주는 것 등에 대해 노래하고 노랫말은 시적이면서도 낭만적이다.

반주에 사용되는 악기는 징, 탬버린, 플루트, 실로폰, 현악기, 종 등이다. 라오스 문화의 본질적인 부분을 이루는 멋진 공연을 보고 들을 기회가 많다.

흐몽과 아카와 같은 일부 민족 집단에서는 신성한 악기의 유무에 따라 놀이용 음악과 의례용 음악을 구별하기도 한다. 이처럼 같은 악기가 사람이나 상황에 따라 다르게 연주된다.

서양의 음악가들은 '켄'에 매우 큰 관심을 보이고 있으며, 보다 현대적인 선율을 통해 이 악기의 전통을 이어나가고 있다. 안타깝게도, 라오스의 다른 전통 악기는 오직 크무족, 오이족, 브라오족, 라오족, 푸노이족, 쿠이족, 로로족, 아카족, 흐몽족, 란테네족 같은 민족 집단이 있는 외딴 마을에서 연주되고 있을 뿐이고 사람들은 이미 휴대폰으로 음악을 듣는 편리함에 익숙해져버렸다.

06

여가생활

라오스에서 일하는 대부분의 근로자의 삶은 힘들고, 많은 여가 시간을 갖지 못한다. 텔레비전을 시청하는 것이 주된 오락거리다. 그들의 생활은 '일하기, 잠자기, 텔레비전 보기'로 설명될 수 있다. 적은 월급으로 비용이 드는 여가생활을 따로 갖는 것도 어렵다. 비록 많은 돈은 없을지 모르지만 라오스인들은 즐거운 시간을 보내고 있는 사람들과 어울려 축제를 즐기는 것을 좋아한다.

라오스에서 일하는 대부분의 근로자의 삶은 힘들고, 많은 여가 시간을 갖지 못한다. 텔레비전을 시청하는 것이 주된 오락거리다. 그들의 생활은 '일하기, 잠자기, 텔레비전 보기'로 설명될 수 있다. 적은 월급으로 비용이 드는 여가생활을 따로 갖는 것도 어렵다. 비록 많은 돈은 없을지 모르지만 라오스인들은 즐거운 시간을 보내고 있는 사람들과 어울려 축제를 즐기는 것을 좋아한다. 당신도 예의와 미소로 환영받을 것이다. 특히 웅장한 절을 방문하게 되면 지역 행사에 참여하여 즐길 수 있을 뿐만 아니라 라오스의 산과 강 같은 자연의 아름다움에 감동하게 될 것이다.

이국적인 과일들이 피라미드 모양으로 쌓여 있고, 지역 맥주나 코코넛 워터를 마실 수 있으며, 음식 판매대에서 시식을 해볼 수도 있는 활기찬 시장을 발견할 수 있을 것이다. 멋진 커피숍들이 생겨났고 외국인들의 취향과 선호도에 맞춘 획기적인 메뉴들도 개발되었다. 물론 이러한 새로운 사업들은 관광객들과 외국인 거주자들을 위한 것이며, 아마도 라오스인들은 이러한 것이 생겨났는지도 모르거나 알았더라도 감당할 여유가 없을 것이다.

음식과 음료

동료나 친구들과 함께 먹는 점심은 라오스에서 하나의 문화가
되었다. 노점의 일반적인 수프부터 외국 레스토랑의 세련된 메
뉴에 이르기까지 모든 이들의 취향과 예산에 맞는 다양한 음
식들이 있다. 값싼 노동력과 적은 세금은 비엔티안과 루앙프라
방 지역에 점점 더 많은 식당과 카페들이 생길 수 있다는 것
을 의미한다.

　라오스의 전통 음식은 어디서부터 어디까지 설명할지 정하
는 것조차 어려울 정도로 뛰어나다. 라오스의 요리에는 칠리,
고수, 생강, 바질, 민트, 딜(허브의 일종), 마늘 등의 지역적이며 신

선한 제철 채소, 허브, 향신료가 매우 주요하게 사용된다. 라오스의 기후는 또한 다양한 열대 과일과 계절 과일이 자라기에 적합하다. '어머니의 강'이라는 의미의 메콩강에서는 중요한 요리 재료인 맛있는 민물고기를 잡는다.

가장 전통적인 음식들 중 하나는 향이 좋은 재료들과 섞은 '랍'이라고 불리는 고기 샐러드다. '랍파'와 '고이파'는 신선한 채소가 곁들여진 다진 생선 샐러드로, 라오스 남부의 대표적인 음식이다. 굽거나 찐 돼지고기, 닭고기, 버펄로 등이 인기 있다. 매운 그린 파파야 샐러드는 익지 않은 파파야로 만들어지는데, 과일보다는 채소 맛이 강하다.

수프는 다양한 채소와 식물들로 만든 흔한 음식이다. 지역 특산품인 발효 생선 소스(파댁)로 만든 대나무 수프를 먹어볼 것을 추천한다.

국수 요리는 준비 과정에 따라 두 가지 이름이 있는데, 하나는 '훠(지방에서는 '포'라고 불림)'로 국물 국수에 이용되며, 다른 하나는 '미'로 볶음 국수에 이용된다. 쌀국수 외에도 녹두가루와 물로 만든 투명한 당면(유리면)이 자주 사용된다.

라오스인들의 주식의 일부를 구성하는 지역 생산물 덕분에 채식주의자들에게는 많은 선택 사항이 있다. 두부나 채소(팍)

로만 만든 요리를 주문할 수 있다. 죽순은 찌개에 넣거나 반찬으로 제공되며 보라색 바나나 꽃은 샐러드나 다른 요리에 사용된다.

디저트도 역시 쌀로 만들어지기는 하지만 달콤하고 끈적이며, 망고(카오니아오 마무앙) 같은 열대 과일과 함께 만들어진다. 음료, 젤리, 크림, 케이크, 맛있는 요구르트와 아이스크림도 있다. 소에서 짠 우유는 희귀하며 라오스인들은 많은 디저트에 아주 달콤한 연유를 사용한다. 색이 바랜 젤리 모양의 떡인 '카오파드'와 바나나 잎에 싼 찐 밥인 '카오톰'도 먹어보아라. 플랜, 타르트, 빵과 같은 다른 디저트에서도 여전히 프랑스의 영향이 명백하게 드러난다. 맛있는 바게트와 심지어 크루아상까지 다양한 종류의 빵도 쉽게 구할 수 있다. 노점상에서 파는 샌드위치는 외국인들뿐만 아니라 라오스인들도 사 먹는 음식이다.

라오스인들은 바나나 잎을 구이 요리의 베이스로, 대나무 막대를 꼬챙이로 사용하여 음식을 준비하는 것처럼 자연을 영리하고 창의적인 방법으로 사용한다. 그들은 절구와 절굿공이 그리고 중국식 냄비를 숯불에 자주 사용하며 주방용 칼을 아주 잘 다룬다.

라오스에서 가족들은 '카토케' 스타일의 테이블 역할을 하는 라탄 돗자리에 다양한 음식을 놓고 함께 식사한다.

수돗물은 식수로는 안전하지 않지만 정제된 생수, 사탕수수즙, 탄산음료, 커피, 차 등을 얼마든지 구할 수 있다. 과일과 채소 밀크셰이크 역시 인기 있는 음료다. 물론 맥주도 풍부하고, 프랑스의 영향으로 와인도 있으며 베트남에서 생산된 와인도 구할 수 있다.

【 카오니아오에서 카오치까지 】

요리는 작은 대나무 바구니에 담겨 나오는 '카오니아오'라고

불리는 차진 밥과 함께 완성
된다. 차진 밥은 라오스인들
의 주식으로 공 모양의 밥이
다. 이것은 손으로 먹는 것
이 가장 좋으며, 째우라는
매운맛의 토마토 소스, 가지
나 버섯 소스, 달콤한 땅콩
소스를 곁들여 먹을 수 있

다. 또한 대나무 막대기에 끼워서 먹을 수도 있고 조리 과정이
쉽고 손에 묻지 않아 덜 끈적거린다. 식당 한가운데 손을 씻을
수 있는 세면대가 있는 곳도 있는데 일반적이지는 않지만 매
우 유용하다.

'카오치'라고 불리는 간식은 차진 밥에 달걀을 입힌 것으로
도시 전역에서 매우 인기 있는 간식이다. '카오치'는 라오스어
로 밀 빵을 의미하며 프랑스 요리에서 영감을 얻어 만들어진
것이다.

【 읽기 어려운 메뉴, 맛있는 음식 】

이미 상상이 가능하겠지만 노점에는 메뉴가 없기 때문에 음식

을 고를 때는 추천이나 음식 모양에 의존해야 할 것이다. 지방 식당의 메뉴는 칠판에 하얀 분필로 쓰여 있거나 종이에 낙서 하듯이 쓰여 있기도 하며 때로는 인쇄되어 있을 수도 있다. 메 뉴들은 라오스어로 쓰여 있을 가능성이 크고 번역이 되어 있 다고 하더라도 신뢰할 수 없거나 '귀여운 사람새우' 또는 '주먹 소스를 곁들인 새우'같이 번역되어 웃음을 자아낼 것이다. 비 엔티안에서 쌀국수를 뜻하는 '포'는 어느 식당에서든지 먹을 수 있다.

좀 더 색다른 모험을 원한다면 구운 메뚜기(외국인들은 바삭하 고 영양가 있다고 표현함)나 튀긴 새를 추천한다. 새 튀김에 사용되

는 작은 새는 뼈가 매우 미세하여 제거하기 어렵기 때문에 씹어 먹어야 한다. 이 밖에 두꺼비 튀김, 딱정벌레 튀김, 애벌레 튀김, 잠자리 튀김이 있으며 모두 바삭한 간식으로 인기가 많다. 뜨거운 기름에 갓 튀겨 꿀과 레몬 소스에 담가 먹는 뽕잎 튀김은 색다른 맛이며 채식주의자들에게는 독특한 메뉴가 될 것이다.

3주 정도 된 병아리가 들어 있는 달걀(카이룩)은 콩처럼 매우 중요한 단백질 공급원으로 간주된다.

【 커피 문화 】

라오스에서 커피는 사이공의 식물원에서 가져온 다양한 품종과 함께 1913년에서 1916년 사이 프랑스 식민지 시대에 처음 재배되었다. 전통에 따르면 볼라벤고원의 북쪽에 있는 타텡의 작은 마을에서 처음 재배했다고 한다. 오늘날 라오스의 커피는 수출 품목 5위이고 농산물 수출액으로는 상위권을 차지하고 있다. 대부분은 대만, 태국, 베트남, 일본으로 수출되지만 미국과 이탈리아, 스페인, 폴란드, 독일, 프랑스, 벨기에, 스웨덴 같은 유럽에도 수출된다.

커피 재배에 완벽한 지질과 기후를 가진 볼라벤고원은 우수한 커피 원두 생산지다. 이 고원의 폭은 50km이고 해발은 1,000m이며 라오스의 따뜻한 남쪽에 위치해있다. 습하지만 시원한 기후, 무성한 밀림 식물, 철분이 풍부한 화산 토양, 풍부한 수분은 셰이드 그로운 커피가 자라기에 최적의 장소다. 차 역시 재배가 가능하고, 고원 주변에 흩어져 있는 많은 가정은 이러한 농장 일을 통해 생계를 유지하고 있다. 이 지역에는 아주 멋진 폭포도 있다.

새롭게 부상하는 커피 문화는 다양한 조리법과 함께 서양과 라오스의 커피 전통이 혼합되어 있다. 라오스인들은 연유를 섞은 진하고 달콤한 커피를 좋아한다. 아이스커피는 매우 시원하다. 도시에 있는 고급 카페는 숙련된 바리스타를 고용하고 있는 것에 큰 자부심을 갖고 있으며, 바리스타가 되고 싶은 사람은 누구든지 강좌를 들을 수 있다.

커피는 라오스 관광을 홍보하는 새로운 상품으로, 2014년에 제1회 라오스 커피 축제가 참파사크 지방의 팍세 지구에서 열렸다. 비록 '유기농' 생산에 대한 의심이 있을 수 있고 이에 대한 정해진 법령도 따로 없지만, 차와 커피의 유기농 생산은 생산자와 고객에게 모두 점점 더 인기를 얻고 있는 추세다.

【 맥주 】

라오스 정부에서 맥주를 공식적으로 도입했으
나 음주에 대해 지나치게 방임하고 있다. 라
오스의 맥주회사 비어라오는 1973년에 프랑
스 투자가와 라오스 사업가의 합작으로 설립
되었다. 그러나 1975년 라오스가 프랑스로부
터 독립한 후에 국유화되었다. 이후 크게 확
장되어, 라오스 정부와 덴마크의 칼스버그 그

룹이 공동 소유하면서 청량음료도 생산하고 있다. 비엔티안
외곽에 있는 맥주 제조 공장에서는 700명의 직원들이 일하고
있다.

대표적인 맥주로는 비어라오라거, 비어라오골드, 비어라오다
크 등 세 가지가 있다. 라오스에서는 맥주를 얼음과 함께 마시
는데, 이는 외국인들에게 다소 이상해 보일지도 모르지만, 무
더위로 인해 곧 익숙해질 것이다. 외국산 맥주도 있기 때문에
여행객들은 취향에 따라 선택할 수 있고, 가격은 8달러에서
10달러 정도다. 이는 라오스인들이 1주일간 생활할 수 있는 금
액이다.

쇼핑

라오스에 거주하거나 방문하는 사람들은 쇼핑을 다양하게 즐길 수 있고 국경 마을에 있는 태국 슈퍼마켓과 쇼핑몰에서 외국 제품을 구매할 수 있다.

지방 지역의 시장에서는 일반적인 과일, 채소, 생선, 고기, 허브, 커피, 차 외에도 여러 가지 종류의 상품과 서비스를 이용할 수 있다. 또한 바구니에 가득 담긴 메뚜기와 곤충들도 볼 수 있을 것이고 심지어 사냥된 작은 야생동물과 새를 팔기도 한다. 문구류, 하드웨어, 바느질 도구, 전기용품 등 실용적인 물

건들도 있으며, 몇몇 가판대에서는 수선을 해주기도 하고 옷도 판다. 또한 깃발을 구입하여 원하는 나라의 국기를 만들 수도 있다.

지방이나 특정 지역에서 만든 다양한 기념품이나 수공예품들도 많은데, 특히 불교와 관련된 나무로 조각된 제품들이 인기 있다.

공예가들은 비엔티안과 루앙프라방의 주요 시장에서 다양한 조각상, 마스크, 양초 홀더를 만들기도 하며, 돗자리를 만드는 작업은 지켜볼 만한 가치가 있다. 골동품 가게가 몇 군데 있지만, 진품 여부는 알 수 없으며, 사찰에서 도난당한 장물을

• 라오스에 집을 샀어요 •

나의 호주인 친구가 "라오스에 집을 샀다"며 메시지를 보냈고 이 소식에 우리는 매우 신났지만 한편으로는 의아했다. 라오스 시민권을 가진 사람의 명의가 없다면 외국인은 집을 매매할 수 없기 때문이다. 그리고 이는 공개적으로 공유할 수 있는 정보가 아니다. 나는 또한 그 친구가 몇 주 뒤에 이 아름다운 나라를 떠날 예정이라는 것도 알고 있었다. 어떻게 집을 살 수 있었을까? 어쨌든 그의 새집에 방문하는 상상을 하고 있을 때 "이건 정령의 집이야"라는 메시지와 함께 밝은 색 석고로 만든 미니어처 집의 사진이 전송되었다.

나의 친구는 라오스에서의 행복했던 기억을 되살리기 위해 수백 킬로그램이나 되는 정령의 집을 산 것이다. 이런 정교한 미니어처 집은 다양한 크기와 나무로 제작되며 사용자가 직접 조립할 수 있도록 배송된다.

팔 수도 있기 때문에 골동품 가게의 조각품을 구입할 때는 유의해야 한다.

라오스인들은 은장식품, 꽃과 나비, 잠자리 등을 모티브로 만든 팔찌와 금을 좋아한다. 외국인들은 '비밀 전쟁'의 불발탄으로 장신구를 만들어 파는 모습에 당황할 수도 있다.

일부 시장에서는 도자기나 보석 같은 공예가의 물건을 전문으로 취급한다. 고리버들로 엮은 바구니, 짐바구니, 돗자리 등은 유용하다. 특히 마을의 여성들이 면과 실크를 짜고 염색하는 작업장을 들러보는 것을 추천한다. 라오스 민속, 불교 상징 그리고 자연환경을 바탕으로 한 디자인이 대부분이다. 그중 용은 명망과 보호의 상징이다. 여행을 마치고 집에 왔을 때 라오스에서 사 온 옷, 숄, 덮개, 깔개 같은 물건들을 보면 시장 공예가들의 특별한 재능이 생각날 것이다.

【 반짝이는 실크와 유용한 바구니 】

방문객들은 다른 곳보다 훨씬 저렴한 가격에 살 수 있는 실크에 열광한다. 라오스 여성들이 집에서 직접 짠 것으로 색감과 디자인이 화려하다.

인기 있는 대나무와 라탄 바구니는 방문객들이 집에 가져갈 수 있도록 도시락통이나 찜통같이 귀엽고 가볍게 만들어지며 여러 용도로 쓰일 수 있도록 다양한 크기와 모양으로 제작된다. 녹색 배낭 바구니는 다루기 까다로울지도 모르지만, 라오스인들은 이것을 아주 오랫동안 사용해왔다. 모든 민족이 이 바구니를 여전히 사용하고 있다. 그리고 고산 지역의 마을 전통에 따라 다양한 스타일의 바구니들을 찾아볼 수 있다. 대부분 남성들이 정교하고 꼼꼼하게 짠다. 공예가와 용도에 따라, 바구니는 평범하거나 기능적이거나 혹은 복잡하게 장식이 되어 있다.

밤 문화

라오스에서 화려한 밤 문화를 기대하는 것은 어려우며 수년간 이러한 밤 문화는 사람들에게 반감을 주고 제한되어 있기도 하다. 강가에서 여유롭게 술과 식사를 하면 방문객들의 발걸음은 느릿해진다. 또한 비엔티안에 나이트클럽이 몇 개 있는데 자정쯤에 문을 닫는다. 몇몇 지역 술집에는 라이브 음악과 춤을 출 수 있는 무대가 있는 경우도 있다.

라오스인들은 가라오케를 매우 좋아하며, 많은 사람이 모이는 장소에는 확성기가 있을 뿐만 아니라 다른 곳에도 별도의 휴대용 확성기가 있어서 음악이 동시에 나올 경우에는 소음공해를 일으킬 수 있다.

영화제

현재 동남아시아 영화산업에서 라오스는 활발한 역할을 보이고 있으며, 이는 라오스 문화의 다양성을 홍보하고 라오스를 세계에 알리는 수단이 되고 있다. 또한 영화 관람에 익숙하지 않은 라오스인들에게 세상을 보여주며 영화에 찍힌 라오스의 풍경과 드라마를 감상할 수 있게 해준다. 하지만 라오스에서 만들어진 영화라고 해서 모두 상영될 수 있는 것은 아니다. 영화제는 매년 루앙프라방과 비엔티안에서 열린다.

· 창, 1927년 제작된 다큐멘터리 드라마 ·

이 무성 다큐멘터리는 사실 태국 북부의 난과 시암 지방의 외딴 지역에서 촬영되었다. 하지만 오래전 라오스의 모습을 볼 수 있다. 라오스의 한 부족민이 정글의 야수로부터 자신의 가축을 보호하기 위해 싸우는 이야기로, 인간과 짐승(창은 코끼리를 의미함) 사이에 일어난 시련과 고난 그리고 공생을 위해 필요한 존중에 대한 깊은 통찰력을 바탕으로 한다. 영상을 위해 제작된 많은 소품과 곡식을 기르고 동물을 사육하는 모습은 라오스인들의 생활상을 보여준다.

스포츠와 게임

라오스에서 스포츠는 오랫동안 의식과 오락생활의 일부였다. 탓루앙 축제에는 대나무 막대기로 하는 전통 게임인 필드하키 경기가 항상 있었지만 이 게임은 더 이상 일반적이지 않다.

라오스는 올림픽과 같은 국제무대에서 메달을 딴 적이 없으며 동계 올림픽에도 참가한 적이 없다. 그러나 1959년 동남아시아경기대회SEA를 창설한 나라들 중 하나였으며, 2009년에는 직접 개최했다. LAOS-SEA라고 새겨진 홍보 티셔츠를 볼 수 있을 텐데, 물론 라오스는 내륙 국가이기 때문에 이 로고는 바다와는 전혀 상관없다.

축구는 요즘 라오스에서 가장 인기 있는 스포츠로, 1951년 창단된 국가대표팀이 있다. 럭비 또한 인기 있으며, 라오럭비연맹의 남녀 선수가 활약하고 있다.

배구와 미식축구가 혼합된 '카토르' 같은 전통적인 스포츠는 라탄으로 만든 공을 손이 아니라 발로 네트를 넘긴다. '티키'는 필드하키와 비슷한 전통 게임이다.

　무에라오는 라오스의 인기 있는 무술로 태국의 킥복싱과 비슷하다. 무기 없이 싸우는 형태의 무에타이는 태국에 있는 라오스 난민들이 주로 한다.

　라오스의 농촌과 도시에서는 스포츠가 장려되고 중요하다. 이를 즐길 수 있는 사회적 기반이 되는 지역 대회 또는 전국 대회를 개최하여 사람들을 한자리에 모은다. 방문객들도 이러한 분위기를 즐길 수 있을 것이다.

　매년 스포츠 경기와 축제 같은 많은 볼거리가 있다. 수많은 관중이 열광하고 여러 지역에서 열리는 드래곤 보트 경주, '분 쑤앙흐아'를 보는 것을 추천한다(96쪽 참조).

야외 활동

라오스의 농촌관광과 생태관광은 매우 큰 잠재력이 있다. 여기에는 트레킹, 사이클링, 등산, 집라인, 캠핑 및 기타 야외 활동이 포함된다. 이러한 활동은 특히 팀별로 형형색색의 옷을 입은 한국인 단체 관광객들에게 인기가 많다. 라오스에는 전국 14%에 달하는 20개의 국가 보호 구역이 있지만, 이 모든 곳을 일반인들이 접할 수 있는 것은 아니다. 아름다운 폭포가 있는 푸카오쿠아이 지역은 수도에 인접해 있다. 현재 이곳은 방문객을 위한 캠핑 시설(현장 텐트 대여)을 갖추고 있다.

사원 방문

라오스에 있는 사원들의 종교적이고 영적인 의식을 관찰하고 참여하는 것은 매우 특별한 경험이 될 것이다. 불교 승려들은 박해받았지만, 지금은 이전의 명예를 되찾았으며 사원은 여전히 엄숙한 숭배, 활동, 학문의 중심지다.

유네스코에 등재된 라오스 남부의 왓푸에서부터 비엔티안

의 왓시사켓, 16세기에 건축된 루앙프라방의 왓시엥통에 이르
기까지 방문해볼 만한 수많은 사원이 있다.

많은 방문객은 현대 기술 사회로부터 벗어나기 위해 라오
스에 온다. 그들은 요가와 명상을 하며 아름답고 신성한 환경

을 즐기고 누릴 수 있다. 비엔티안에 있는 몇몇 사원에서는 사원 안을 조용히 걸어 다니고 노래를 부르면서 모든 사람을 환영하는 주간 명상 시간을 갖는다. 다양한 국가에서 온 사람들이 함께 하면서 영성, 자비 그리고 화합이 충만해진다.

모든 종교적인 장소에서 그러하듯이, 사원을 방문할 때는 예를 갖추는 것이 필요하다. 여성은 어떤 경우에도 승려나 그의 승복을 만져서는 안 된다. 허락 없이 신성한 물건을 만지거나 성지에 들어가서도 안 된다. 또한 대부분의 장소를 방문한 후에 약간의 기부를 하는 것은 관례다.

주차 공간 때문에 주변 환경이 일부 훼손되어 있는 것에서 알 수 있듯이 모든 사원이 잘 보존되어 있는 것은 아니다.

꼭 봐야 할 문화

[루앙프라방 - 문화와 자연의 결합]

라오스의 중심이자 고대 왕실의 도시인 루앙프라방은 유네스코 세계문화유산에 등재되어 있다. 이곳에는 역사적인 사원들이 많은데 모두 걸어서 갈 수 있다. 방문객들에게 가장 인기 있는 아침 또는 저녁 탁발의식에 적극적으로 참여할 수 있다. 이 멋진 도시는 관광산업과 다른 산업들의 성장으로 일부 건물들이 개조되고 있으며 많은 변화를 겪고 있다.

【 비엔티안 】

이 작고 우아한 수도의 주택과 건물들은 여전히 프랑스 식민지 시대의 영향을 받고 있다. 또한 라오스에는 호파깨우, 왓시사켓같이 신성시 여겨지는 사원들이 있다. 언덕 위에 위치한 거대한 황금색 사리탑인 '파탓루앙'은 원래 1566년에 지어졌지만 완전히 파괴되었다. 오늘날 우리가 보고 있는 파탓루앙은

고대 도면을 바탕으로 1930년대에 프랑스인들이 재건한 것이다. 이것은 비엔티안의 상징이자 불교의 상징이며, 부처님으로부터 받은 신성한 유물을 담고 있다고 전해진다.

【 불상공원 또는 시엥쿠완 】

이 멋진 조각 공원은 '우정의 다리'를 지나 비엔티안 외곽에서 약 25km 떨어진 메콩강가에 있다. 이곳에는 수백 개의 불교와 힌두교 조각상들이 흩어져 있다. 1958년 승려였던 분르아 수리랏과 그의 제자들이 만든 것으로, 그들 모두 숙련된 예술가들은 아니었다. 비스듬히 누운 거대한 부처상과 같이 조각상들 중 일부는 그 크기만으로도 압도적인 인상을 준다.

【 왓푸 - 고대 크메르 사원 】

신성한 산기슭에 위치한 이 사원은 자연환경과 완벽하게 조화를 이루고 있다. 바위에서 자라는 것처럼 보이는 프란지파니나무 아래에 있는 수백 년 된 돌계단을 올라가보는 것을 추천한다. 이 사원은 라오스 남부의 참파사크 지역에 있으며 유네스코 세계문화유산으로 등재되어 있다.

【 항아리평원(통하이힌) 】

유네스코 세계문화유산으로도 등재되어 있으며 매우 유명한 유적지다. 비엔티안에서 350km 떨어진 시엥쿠앙 지역의 폰사반의 남쪽 지역에 있으며 해발 1,000~1,200m에 위치해있다.

이 거대한 돌항아리는 사암으로 조각되었고, 무게는 수백 톤에 이른다. 크기는 다양하고 높이는 3m가 넘으며 속은 비어 있다. 이 항아리의 유래에 대해 지역별로 다양한 이야기가 있지만 분명하지 않으며, 고고학자들은 매장 의식에 사용된 것으로 추측한다.

【 그 밖의 흥미로운 장소 】

비엥싸이 동굴

베트남 국경 옆의 후아판 지역에 위치한 이 동굴들은 인도차이나 전쟁 당시 2만 명에 이르는 파테트 라오 병사들의 거처였다.

코프센터

코프센터는 비엔티안에 있으며, 불발탄으로 다친 사람들을 위해 의족을 만들고 재활을 돕는 곳이다. 센터에는 회수되지 않은 불발탄으로 인한 참혹한 실상을 알려주는 박물관도 있다.

자연의 아름다움을 간직한 곳

라오스를 즐기기 위해서는 충분한 시간이 필요하다. 특히 아름다운 자연을 감상하러 갈 때는 더욱 그러하다. 이동거리를 알려주는 애플리케이션에 속지 마라. 예상 시간보다 항상 더 오래 걸릴 것이다. 가장 좋은 방법은 긴장을 풀고 즐겁게 경험하는 것이다. 라오스에서 기억해두어야 할 말은 '당신이 급한 성격이라면 이 나라는 당신과 맞지 않을 것이다'이다.

이 나라는 고산지대와 산이 70%를 차지하고 있으며, 강은 많지만 호수나 저수지는 거의 없다는 것을 명심해야 한다.

【 강에서 라오스 바라보기 】

강에서 라오스를 바라보는 것은 여행에서 중요한 부분이다. 항해 가능한 지역에서 장엄한 메콩강을 통해 라오스를 볼 수 있는 방법은 다양하다. 여유롭게 배를 타고 떠나는 당일 여행(루앙프라방에서 농키아우 북쪽까지), 카약, 드래곤 보트 등 모두 훌륭한 선택이 될 수 있지만, 시간 여유가 된다면 2~3일짜리 크루즈 여행을 추천한다.

【 많은 폭포들 】

라오스에는 동남아시아에서 가장 큰 콘파펭 폭포를 비롯해 남쪽 참파사크 지역에 많은 폭포가 있다.

【 환상적인 바위지대 도보여행 】

비엔티안에서 북쪽으로 150km 떨어진 곳에 방비엥이라는 곳이 있다. 방비엥은 높이 치솟아있는 석회암 산, 동굴, 폭포 그리고 석호가 있는 자연 놀이터다. 오토바이를 빌려 하루 동안 전통 마을과 논을 둘러보고, 멋진 풍경의 카르스트(침식된 석회암 지대), 장관을 이루는 경치를 감상해보길 바란다. 또한 도보여행, 등산, 동굴탐험, 협곡탐험, 래프팅, 집라인, 열기구 타기를 해볼 수도 있다.

【 협곡과 동굴: 콩로 】

콩로 동굴은 타케크의 북쪽에 위치한 캄무안 지방에 있는 푸힌분 국립공원의 석회암 동굴로 거대한 열대 나무들과 흙먼지 가득한 긴 길을 지나면 볼 수 있다. 동굴과 같은 이름을 가진 마을에서 보트를 타고 동굴에 갈 수 있다. 이 동굴은 7.5km로 세계에서 탐험 가능한 긴 동굴들 중 하나로 긴 꼬리 보트가

흰분강의 지하를 통과하여 데려다 줄 것이다.

【 시판돈, 메콩강 제도 】

라오스 남쪽에 4,000개 이상의 섬으로 이루어져 있는 평화로운 제도는 캄보디아와 톤레삽 호수로 굽이치는 메콩강 중심부에 있다. 이곳은 휴식을 만끽하기에 이상적인 곳이며 민물 돌고래는 모두가 보고 싶어 하는 명물이다.

【 오토바이 타고 볼라벤고원 돌아보기 】

지도를 챙겨 라오스 남부의 팍세에서 오토바이를 빌려라. 아름다운 풍경, 매력적인 마을, 폭포가 있는 외딴 시골 지역을 여행할 수 있는 멋진 이틀간의 여행이 될 것이다.

【 돈댕 】

메콩강에 있는 섬 중 하나로, 모래사장이 있으며 8km의 길이로 여유로운 느낌이 물씬 풍기는 숨겨진 명소다. 참파사크에서 왓푸 사원과 함께 방문할 수 있다. 이 지역의 숙소와 홈스테이는 꼭 경험해봐야 한다.

【 북라오스 마을 방문하기 】

험악한 산악지대의 기후 조건 속에서 여러 부족들이 이곳에 함께 살고 있다. 그들이 아직도 생존을 위해 고군분투하는 것처럼 전통도 거의 변화하지 않았으며 메콩강의 수원과 가깝다.

생태관광은 성장하고 있는 또 다른 산업이며, 정부는 라오스의 취약한 생물다양성을 보호할 필요성을 인식하고 있다.

07

여행, 건강 그리고 안전

라오스는 많은 지역이 산악지대이고 도로망이 제대로 갖춰지지 않기 때문에, 비행기로 이동하는 것이 가장 효율적이다. 하지만 시간이 넉넉하다면, 육로여행이나 태국에서 라오스까지 배를 타고 여행하며 풍경과 문화를 즐길 수 있는 멋진 경험을 하길 바란다.

라오스는 많은 지역이 산악지대이고 도로망이 제대로 갖춰지지 않았기 때문에, 비행기로 이동하는 것이 가장 효율적이다. 하지만 시간이 넉넉하다면, 육로여행이나 태국에서 라오스까지 배를 타고 여행하며 풍경과 문화를 즐길 수 있는 멋진 경험을 하길 바란다.

도착

라오스 주변국들은 라오스로 입국하는 좋은 관문이 되기도 한다. 태국, 베트남, 캄보디아, 미얀마, 중국, 한국, 일본 등지에서 매일 운항되는 항공편이 많다. 방콕은 라오스로 가는 중심지라고 할 수 있는데, 라오스와 가까운 치앙마이와 농카이 같은 태국의 북부 마을로 가는 침대버스를 운행하고 있다. 태국에서 출발하는 슬로우 보트처럼 강을 건너가는 방법도 있다.

국영기업인 라오에어라인은 중국, 태국, 베트남, 캄보디아, 싱가포르로 운항하는 국제선이 있긴 하지만 대부분 국내선이다. 이외에도 저비용항공사(타이거에어, 에어아시아, 녹에어 등)들이 있다.

국경을 넘을 때 거치는 많은 행정 절차를 비롯하여 전체주의 정권의 잔재로 남아있는 제복 입은 공안들은 여행객들을 불안하게 만들고 불쾌감을 유발할 수도 있다. 국경지대의 검문검색과 절차가 매일 달라지기 때문에 라오스를 자주 여행하는 방문객들은 같은 주라 하더라도 운수 좋은 날과 그렇지 않은 날이 있을 수 있다는 것을 익히 알고 있다. 비엔티안에 정착한 외국인들은 매주 쇼핑을 하거나 우돈타니공항에 가기 위해 자주 국경을 넘기 때문에 이러한 상황에 익숙해져야만 한다. 야간에는 국경이 폐쇄되지만 일반적으로 응급의료와 같은 긴급한 이유가 있다면 개방될 것이다.

【비자】

비자는 도착하면 여러 번 이용할 수 있다(항상 그런 것은 아니므로 확인이 필요함). 이용 수수료는 킵, 미국 달러 또는 태국의 바트로 지불한다. 비자 수수료는 국적에 따라 다르지만, 대부분 30~42달러의 비용이 든다. 관광비자는 비엔티안에서 하루 2달러에 갱신할 수 있지만 체류기간을 초과한다면 하루 10달러로 증가한다. 아시아의 여러 곳에서 규제가 자주 바뀐다. 라오스의 주변국을 여행하는 여행객은 비자가 만료된 후

체류를 계속하려면 비자를 새로 신청하고 여행하고 있던 나라를 비자가 나올 때까지 떠나있어야 하는데 이러한 행위를 '비자런'이라 하며 이때 라오스로 오는 경우가 많다. 사업비자에 대한 것은 205쪽에 설명되어 있다.

【 자동차로 국경 넘기 】

자동차로 국경을 통과할 때는 꽤 많은 절차를 거쳐야 하며, 한 나라에서 다음 나라로 나가는 것인지 들어오는 것인지 또는 당일 여행인지에 따라 요금이 달라진다. 또한 매번 국경을 통과할 때마다 지불해야 한다. 태국은 라오스보다 자동차 보험 서류를 훨씬 더 까다롭게 확인한다.

또한 기온 확인이나 비자 재확인과 같은 이해할 수 없는 이유로 부지불식간에 추가 현장 수수료가 요구될 수도 있다. 대부분 8,000킵(약 1달러) 정도로 소액이다. 외국인들은 추가로 요구될 수 있는 무리한 부담을 줄이기 위해 이러한 수수료를 지불하는 편이다.

【 통화 】

라오스의 화폐 단위는 킵이며, ATM에서는 최대 200달러까지

출금이 가능하다. 현금 인출기 이용 수수료 5~10달러와 해외
거래에 대한 국제 은행 수수료가 추가된다.

여행

【 항공여행 】

최초의 라오스 공항은 프랑스인이 지었지만 민간인들을 위한
것이라기보다는 군사 목적이었다. 하지만 해외 수요와 재정 지
원이 늘어나면서 점차 네트워크가 확대되었다. 라오스에는 비
엔티안, 루앙프라방, 팍세(씨엠립행 항공편), 사반나케트(방콕행 항공
편), 아타푸(현재 항공편이 없음) 등 5개 지역에 국제공항이 있다.
하지만 라오스인들은 이 공항을 많이 이용하지 않는다.

【 육로여행 】

마을여행

시내 대중교통은 버스, 부르면 아무 데나 서는 툭툭, 택시 등
이 있다. 택시 요금은 미터기로 계량되지 않기 때문에 사전에
협의해야 한다.

장거리 버스

라오스 도로의 약 80%는 흙길이지만, 주요 도시로 통하는 대부분의 도로는 정비되어 있다. 이 길고 좁은 남북 국가의 주된 경로는 물론 남북이다. 침대칸과 모든 구간에서 승하차를 할 수 있는 시스템을 갖춘 야간버스를 포함하여 다양한 옵션이 있다. 표를 사거나 버스에 탑승할 때 외국에서는 줄을 서서 기다리지만 라오스에서는 그렇지 않다는 것을 기억하라! 제공되는 버스 서비스는 일정치 않고 고통스럽게 느껴질 정도로 느릴 수 있지만 같이 탑승한 사람들은 언어장벽에도 불구하고 친절할 것이다.

자동차

도로 곳곳에 있는 움푹 팬 구멍에도 불구하고 자동차 여행은 라오스의 일상생활을 제대로 경험할 수 있는 모험이자 기회다. 물론 교통 법규를 위반하거나 사고가 날 가능성이 있을 수 있지만, 경찰에게 소액의 '수수료'를 지불하면 경찰보고서가 기적적으로 없던 일이 되어 문제가 해결될 수도 있다. 많은 외국인은 자동차 앞 유리 안쪽에 소형 카메라를 장착하여 만약의 사고에 대한 예방 조치를 한다.

라오스에는 많은 렌터카 업체들이 있으며, 운전사가 딸린 차를 빌릴 수도 있지만 직접 운전하는 것도 가능하다. GPS는 정기적으로 업데이트되지 않기 때문에 GPS에 전적으로 의존하지 않는 것이 좋다. 비포장도로 여부도 전혀 확인할 수 없지만 모험을 즐길 준비가 되어 있다면 도전해보는 것을 추천한다.

또한 울퉁불퉁하게 팬 도로 때문에 누구도 빠르게 운전할 수 없기 때문에 자동차 제한속도 규정은 없다.

오토바이

버스는 배차가 일정치 않고 굉장히 느릴 수 있기 때문에 오토바이를 선택하는 것은 좋은 여행 방법이 될 수 있다. 길은 울퉁불퉁하고 먼지도 많겠지만, 훨씬 더 자유로우며 새로운 경험을 선사해줄 것이다.

대표적인 오토바이 브랜드는 한국과 라오스의 합작법인인 코라오(회사 이름이 코라오인 이유다)로 대여나 구매가 용이하다. 라오스 주변에는 유명한 오토바이 여행지와 코스들이 여러 개 있는데, 그중 호치민 트레일은 많은 여행자들이 반드시 가봐야 할 곳으로 꼽는다. 오토바이 여행 시에는 보험에 필요한 유효한 오토바이 면허증을 소지해야 한다.

도로에 구덩이가 많아 타이어 펑크는 언제든지 날 수 있으며, 이 밖에 다른 기계적인 문제도 겪을 수 있다. 하지만 너무 걱정할 필요는 없다. 인도나 천장에 스페어타이어를 걸어둔 길가의 작은 가게를 눈여겨보아라. 그런 곳에서 외국인의 기준으로 보면 저렴한 비용으로 수리가 가능하다. 코라오 제품의 예비 부품이 많으며 거의 모든 수리점에서 수리가 가능하다.

라오스인들처럼 오토바이에 다른 사람들이나 아기, 가축 그리고 먹을 것을 가득 싣고 달리는 것을 따라 하지 말아라.

【 선상여행 】

관광객들이 타고 여행할 수 있는 유람선이 있고, 지역 사람들이 주로 이용하는 느린 배와 큰 연락선이 있다.

묵을 곳

라오스의 숙박시설은 방문객들의 취향과 예산에 맞춘 간편한 호스텔부터 최고급 부티크 호텔까지 다양하다. 인터넷은 광고에 혁명을 일으켰고, 부동산 소유주들은 적극적으로 서로 다른 웹사이트에 300개 이상의 개인 숙박 옵션을 등록하고 있다. 하지만 가격, 서비스, 품질이 매우 다양하다는 것과 접대

서비스에 대한 실효성 있는 법규가 없다는 것을 기억해야 한다. 라오스인들은 대부분 진실되고 정직하다. 외국인 방문객들의 요구를 충족시키기 위해 필요한 규범들이 늘어나고 있는 것과는 반대로 라오스인들이 제공하는 단순한 접대방식에는 매력적인 부분이 존재한다.

호텔 객실 이용료는 하룻밤에 20달러에서 400달러 사이이며 때에 따라 더 비싸질 수도 있다. 게스트하우스는 보통 작은 크기이며 하룻밤 숙박료는 4달러부터 시작하며 매우 경제적인 편이다. 폭포나 강 근처, 자연과 가까운 곳에 위치한 산장들도 있다. 가족 홈스테이는 또 다른 흥미로운 경험이 될 수 있다. 만약 당신이 홈스테이를 선택한다면, 위생시설은 매우 기본적일 것이고, 확실한 것은 익숙하지 않을 것이라는 것이다.

비엔티안에서 북쪽으로 멀리 떨어진 곳에서 이틀간 열리는 유명한 싸야부리 코끼리 축제같이 외딴 마을에서 벌어지는 특별한 행사에는 친구, 가족, 외국인 방문객들이 몰려든다(심지어 숙소 복도에도 매트리스를 놓아둘 정도다).

라오스 현지생활에 온전히 몰입할 수 있는 또 다른 좋은 방법은 지역공동체의 게스트하우스에 머무르는 것이다. 게스트하우스를 함께 지은 가족에게 방을 빌리고 먹을 음식은 다른 가족에게 받는다. 음식은 매일 다른 가족이 제공한다. 이에 대한 좋은 예로, 돈댕이라 불리는 메콩강의 섬에서 멋진 자연경관을 즐기며 강에서 잡아 올린 신선한 현지음식을 제공받기도 한다.

도시나 시골 마을의 민박집에서 시간을 보내고자 하는 외국인은 누구나 지역의 마을 촌장에게 자신이 숙박하고 있음을 알리는 것이 관례다. 과거에는 투숙객에 대한 감시가 심했지만 요즘은 투숙객들에게 '기부금'을 요구함으로써 경제적 이익을 취하고 있다.

【 장기 숙박 】

장기 숙박을 원하는 방문객들은 적어도 6개월 또는 심지어 1년

치의 임대료를 현금으로 소유주에게 직접 지불해야 한다. 이러한 거래에 적용되는 법은 제한적이기 때문에 외국인들은 거래를 받아들이는 수밖에 없다.

보건

국가에서 제공하는 의료보장제도가 있지만 정부 지원은 부족한 실정이기 때문에 민간 차원에서 자금을 조달받는다. 전통의학은 매우 인기 있고 좀 더 저렴하다. 약국은 많지만 판매하는 약품들은 정품이 아닐 수도 있다.

보건 전문가들은 많은 시골 지역과 일부 도시 지역의 물과 위생, 위생시설에 대한 우려를 표명했다. 특히 방문객들은 깨끗한 용기에 물을 담아 마시고 오염이나 감염을 피하기 위해 손을 자주 씻는 등의 표준 위생 예방 조치를 따라야 한다. 다행히도 생수는 쉽게 구할 수 있다.

【 예방 접종 】
황열병 감염 지역을 방문했다면 이에 대한 의무적인 예방 접종은 있지만, 주로 열대성 질병(말라리아, 뎅기, 지카, 치쿤구니야, 일본뇌염)은 모기가 일으키므로 여행 전에 관련 예방 접종을 반드시 확인해야 한다. 일반적으로 라오스에서 열대성 질병이 대규모로 발생하진 않지만 전형적인 질병 증상이 나타난다면 즉시 병원을 방문해야 한다.

【 병원과 진료소 】

안타깝게도 라오스 지역 병원의 서비스 수준은 외국인들이 생각하는 것보다 훨씬 뒤떨어졌으며 또한 당신이 어느 지역에 있느냐에 따라서 달라진다. 의료 장비는 매우 기본적인 것만 갖춰져 있고 진료 행위도 표준 이하지만 이에 대한 정부의 규제나 감독은 없다. 그러나 비엔티안에는 알리안스 국제의료센터(태국 클리닉)와 프랑스 대사관 의료센터(프랑스 클리닉) 같은 외국인들을 위한 진료소가 있다.

심각한 응급 상황 또는 외과 수술이 필요한 경우, 가장 안전한 선택은 메콩강을 건너 자동차로 갈 수 있는 국경도시, 농카이(와타나병원)와 우돈타니(AEK 국제병원)에 있는 병원 중 한 곳으로 가는 것이다. 또는 시간이 허락한다면 방콕에 있는 병원으로 가는 것이 더 좋은 선택이 될 것이다.

자동차로 이동할 때, 교량 건널목 개폐 일정은 바뀔 수 있고 일부는 밤에 폐쇄될 수 있다는 것을 기억해야 한다. 하지만 특별한 상황에서 교량 개방을 허용하는 합의 사항이 라오스의 긴급 수송 서비스와 태국의 병원 간에 체결되어 있지만 비용을 치르게 될 수도 있고 좋은 연줄을 가진 사람의 도움을 통해 이루어질 수도 있다.

안전

라오스는 주변국에 비해 상당히 안전한 곳이다. 보안요원들이 관공서 건물이나 대사관에 있으며 지역공동체는 모두 개방되어 있다. 하지만 경계를 늦추지 말아야 하며, 자기 자신과 소지품을 잘 챙기고, 좀도둑을 조심해야 한다. 또한 불필요한 위험에 노출되지 않도록 해야 한다.

특히 농촌 지역의 열악하고 도로 같지 않은 길을 운전할 때나 도로와 선로, 교통 법규가 무의미한 혼잡한 교통 상황에서도 주의해야 한다. 그리고 가능하면 낯선 지역에서는 야간운전을 하지 않는 것이 좋다. 자동차나 오토바이를 빌리는 경우,

손상된 타이어나 차량 수리 비용을 지불해야 할 사고를 대비하여 보험 서류를 꼼꼼히 확인해야 한다. 라오스 경찰은 소액의 돈을 주면 위반 사실을 무마해주고 심지어 자신들이 요구한 돈 문제가 해결될 때까지 여권을 압수하기도 한다. 또한 절대로 렌터카 업체에 신분증을 남기면 안 된다.

마지막으로, 당신은 몬순을 경험해보지 못했을 것이므로 라오스의 기상 조건을 고려해야 한다. 특히 산악 지역에서는 온도 차이가 매우 크기 때문에 기온에 맞게 옷을 챙겨야 한다.

【 사진 촬영 시 주의 사항 】

군사용 건물이나 시설, 또는 국가 안보나 비공식적인 관례와 관련 있을 수 있는 어떤 것에도 사진 촬영은 금지된다. 이러한 규범을 지키지 않는다면 경찰서에 연행되어 조사를 받거나 전화기, 카메라를 압수당할 수도 있다.

08

비즈니스 현황

지난 30년간, 라오스는 개혁을 시행하고 시장 경제가 제 기능을 하는 데 필요한 제도를 구축하는 등 느리지만 꾸준한 진전을 보였다. 주요 교역 상대국은 태국, 중국, 베트남 등이며 주요 수출품은 목재, 채굴용품, 수력전기 등이다. 주요 수입품으로는 기계, 장비, 자동차 등이 있다.

사업 환경

라오스는 정치적으로는 삼엄한 통제가 존재하지만 경제적으로
는 분명하게 개방 정책을 펼치고 있다. 천연자원 추출과 수력
발전에 직접 투자하는 외국 투자 자본은 라오스 경제의 주된
동력이 된다. 이러한 것이 환경적으로 지속 가능한 방법으로
이루어지고, 창출되는 수익이 모두에게 돌아간다는 것은 국가
발전에 매우 중요하다.

비엔티안은 물론이고 팍세 등 다른 도시에서도 이미 많은
건설 프로젝트가 진행되고 있다. 대부분의 건설 프로젝트는
외국에서 온 방문객들을 위한 상점, 호텔, 사무실같이 상업적
인 목적을 갖고 있다. 새로운 프로젝트들은 라오스에 거주하
며 일하고 있는 외국인들의 거주 공간에 대한 요구 사항을 충
족시키기 위한 것이다.

【 아셈과 아세안 정상회의 】

2012년 아셈(아시아-유럽 회의) 정상회의는 비엔티안 신세계 메가
프로젝트를 시작한 비엔티안에서 개최되었다. 이 프로젝트에
는 대통령궁과 가까운 비엔티안 메콩강변의 중심부에 위치한

대형 고급 주택단지가 포함된다. 그곳에는 작은 어촌이 있었고, 살고 있던 주민들은 다른 곳으로 이동했다. 제9차 아셈 정상회의 기간 동안 46개국의 정상들과 정부 고위 관료들은 모두 그곳에 머물렀다.

2016년 라오스가 의장국이었던 아세안(동남아국가연합) 정상회의 당시 오바마 대통령의 연설은 엇갈린 평가를 받았으나 한 가지 분명한 메시지는 "사업을 시작하거나 상품을 팔기 위해 뇌물이 오가면 안 되기 때문에 올바른 정치가 필요하다"는 것이었다. 그리고 극복해야 할 다른 문제들도 여전히 남아있다. 지난 몇 년간의 발전에도 불구하고 공공부채는 높고 경제는 여전히 취약하다.

　지난 30년간, 라오스는 개혁을 시행하고 시장 경제가 제 기능을 하는 데 필요한 제도를 구축하는 등 느리지만 꾸준한 진전을 보였다. 주요 교역 상대국은 태국, 중국, 베트남 등이며 주요 수출품은 목재, 채굴용품, 수력전기 등이다. 주요 수입품으로는 기계, 장비, 자동차 등이 있다. 외국 소유의 많은 광산, 벌목, 농장 혜택 문제는 라오스의 경제 발전에 많은 논란을 일으켰다.

【 아세안의 영향과 결과 】

라오스는 아세안 10개 회원국 중 하나다. 아세안은 아시아 전역의 무역 판도에 직접적인 영향을 끼쳤으며 특히 2010년, 중국과 인도와 무역 협정을 맺은 이후 전 세계 제조와 공급 부문에서 성장을 창출해냈다. 중국과 아세안(인도네시아, 말레이시아, 필리핀, 싱가포르, 태국)의 쌍무무역은 2010년 이후 500%나 증가했고 캄보디아, 라오스, 미얀마, 베트남 등 소규모 아세안 국가들도 점차 관세 인하 정책을 따르고 있으며 많은 제품에 대한 수출입 관세는 거의 없다. 또한 중국과 인도에는 5억이 넘는 중산층 소비시장을 포함하고 있다.

라오스의 경제특구 지역 설립과 개발에도 세심한 관리가 필요할 것이다. 경제특구 지역은 정부의 경제 정책 완화와 지역의 유연성을 증대시킨다. 반면, 경제특구 지역 개발을 위해 이동하는 마을 사람들은 생계를 이어갈 새로운 일자리를 찾지 못할 수 있다.

라오스는 2016년 아세안 정상회의의 의장국이었다. 아세안 본회의는 개최되었지만 아세안 시민사회단체들의 회의는 열리지 않았다. 일반적으로 유럽연합은 아세안과 협력하여 장관급 및 경제 고위 관료층은 통상 및 투자에 관한 정기적인 회의와 논의를 한다. 라오스는 저개발국에 속하지만 EBA^{Everything But Arms} 원칙을 기반으로 한 유럽연합의 경제적 지원으로 큰 이익을 누리고 있다.

【 고립된 땅에서 연결된 땅으로 】

수년간 고립되어 있었던 라오스는 변화하고 있다. 중국의 윈난 지방에서 새롭게 운행되고 있는 첨단 철도는 라오스와 여러 나라, 항구를 연결하고 있으며 많은 승객과 운송회사에 혜택을 주고 있다. 비엔티안에서 남쪽으로 670km 떨어진 태국의 램차방 심해 항구 이외에 베트남과 캄보디아 양쪽으로 항구들이 추가적으로 개발될 예정이다.

　라오스 경제는 수력발전은 물론이고 광업과 천연자원, 건설, 부동산, 관광 서비스에 의해 주도된다. 철도망 구축은 이러한 활동의 많은 부분을 활성화시킬 것이다. 라오스를 통해 잃어버린 구간이었던 아시아 횡단 철도망은 2021년 후반에 가동될 것으로 예상되며, 라오스 관료들이 주장하는 것처럼 공산주의 내륙국을 '연결된 땅'으로 변화시킬 것이다. 이러한 모든 변화는 경제 성장을 반드시 이끌어 낼 것이다. 그러나 선로 양쪽에 있는 개인 소유의 땅은 국가에 수용된다.

비즈니스 에티켓과 프로토콜

라오스는 최근까지도 '죽의 장막'이라고 알려진 것처럼 단절되어 있었기 때문에 라오스인들은 다른 아시아 국가들의 사업 관행을 살펴보고 이를 통해 얻은 지식으로 현대식 경영, 기술 장치, 프로토콜, 행동양식을 점차적으로 발전시켜왔다. 프랑스 식민지 시대의 영향으로 이미 유럽의 프로토콜에 대해 어느 정도 사전 지식이 있었지만, 요즘에는 미국, 호주 그리고 실제로 중국의 비즈니스 스타일에 대한 의식이 고취되고 있다.

라오스에서 시작된 사업보다 더 많은 사업이 라오스에 도입되고 있으므로 라오스인들은 이에 맞춰 새로운 환경을 이해하고 수용해야 한다.

대표적인 아시아식 인사 방법인 '놉'으로 사무실에서 동료들과 인사를 나눌 수도 있다(110쪽 참조). 악수는 이제 비엔티안 같은 곳에서는 남성과 여성의 구분 없이 널리 행해진다. 경영진들은 상사가 지나갈 때마다 놉을 해야 한다는 생각을 하는 여성들에게 더 많은 관심과 함께 인사를 받게 될 것이다. 계층, 연령, 서열같이 사회적으로 통용되는 일반적인 예절이 직장에도 반영되어 있다.

하지만 지방 사업체에서는 이러한 개방 정책이 거의 적용되지 않으며 사무 규정 기준이나 프로토콜 또한 매우 엄격한 편이다.

외국인들은 공식적인 자리에서도 이름으로 불리는 것에 놀랄지도 모른다. 라오스인들은 이름으로 불리고 이름 앞에 '미스터'나 '미세스'가 붙기도 한다. 존경받는 위치에 있는 사람이라면 '탄'이라는 호칭이 붙을 수도 있다.

【 드레스 코드 】

사무실에서의 드레스 코드는 아시아식과 서양식이 혼합되어 있으며 많은 외국인 여성들은 서양식 상의와 라오스에서 만들어진 '씬'이라는 치마를 당당하게 입을 것이다. 아시아 여성들은 좀 더 클래식하게 꿰맨 실크나 면으로 만든 상의를 선택할 것이다. 남성들의 경우, 정장 차림은 공식적인 회의에서만 입으며, 넥타이와 재킷 착용에 상관없이 캐주얼한 긴팔 셔츠를 많이 입는다.

회의 준비

회의 전에 미리 준비해두면 유용한 몇 가지 정보가 있다. 가장 먼저 첫 만남에서 건넬 명함을 영어와 라오스어 2개 국어로 인쇄하여 준비하라.

많은 고위 공무원들이 프랑스어를 유창하게 구사할 수 있지만 영어가 더 널리 사용되고 있다. 그러나 외국인 사업가는 항상 사업 파트너의 영어 능력을 먼저 확인하고 원활한 회의와 사후 관리를 위해 통역사를 고용하는 것이 좋다. 신뢰할 수 있는 통역사는 회사에 중요한 자산이 될 수 있다. 중국 기업들은 라오스어를 공부하고 있는 중국 언어학자들을 데려오는 경우가 많다. 따라서 중요한 사업적 결정과 관련된 문화적 오해를 처음부터 피할 수 있다.

회의를 준비할 때, 응대와 소통 내용은 의사결정자들에게 전달되어야 한다. 기업이나 정부 부처에 대표가 거의 없기 때문에 의사결정에 오랜 시간이 걸리는 경우가 많다. 과거에는 유선전화로 관료들과 연락하는 것은 사실상 불가능했다. 하지만 오늘날 대부분의 관료는 여러 개의 휴대전화를 갖고 있으며, 주요 번호는 비서가 응대할지라도, 모든 중요한 사업 파트너들은 고위 관료들과 바로 연결되는 전화번호를 제공받는다.

프레젠테이션

컴퓨터 프레젠테이션은 오늘날 모든 공식적인 비즈니스 프레젠테이션의 일부분이기 때문에 좋은 시청각 보조 기구는 필수다. 라오스의 근로자들은 질문을 거의 하지 않고 조용히 들을 것이다. 또한 큰 회의실에서는 휴대전화를 사용하거나 다른 일을 하는 사람들을 발견할 수도 있다.

라오스인들에게 외국어로 말할 때 오해가 따를 수도 있는데 그들은 직접적인 질문에는 '네'라는 대답을 자주 한다. 하지만 이것은 질문을 인지한다는 것이지 당신이 발표한 내용을 모두 이해하고 있다는 의미는 아니다.

마지막에 질문과 답변을 위한 시간을 남겨 두어라. 하지만 라오스인들은 현대 기술의 도입으로 회의가 온라인으로 진행되고 끝난다는 부담 때문에 민감한 사안에 대한 질문을 꺼릴 수도 있다는 것을 기억해야 한다.

협상

어떤 사업이든 초기에는 계층과 서열 그리고 결정권자를 식별하는 것이 필수다. 대부분의 상업적인 거래에서는 흥정이 존재한다. 라오스인들은 일반적으로 정중하고 온화하게 흥정하지만 끈질긴 면이 있다.

협상에 참여하는 사람들 중 일부는 조직위원회에 의해 설득당할 수도 있다. 라오스의 공무원 월급은 적기 때문에 회의 참석 등으로 직원들에게 지급되는 일당이나 출장 수당은 상당히 중요하게 간주되고 참석자의 선택에 영향을 미칠 수 있다.

협상은 오래 걸리고 혼란스러울 수 있으며, 미래의 라오스 사업 파트너들은 직접적인 질문에 대한 대답은 하지 않을 수도 있다. 또한 합의된 사항이 이행되지 않는 경우도 있다. 라오스 정부의 법과 규제는 불투명하며 변경될 수 있기 때문이다. 이것 또한 문제로 인식되고 있다. 그러므로 라오스에 투자하는 것은 매우 전문적이어야 한다.

관료주의

라오스의 관료주의는 여전히 라오스인들의 삶을 복잡하게 만들고 있다. 주요한 원인들 중 하나는 성장하고 있는 경제와 함께 외국인 투자에 필요한 절차가 정비되어 있지 않기 때문이다. 새로운 법과 세금 정책이 마련되었지만 이것이 일관성 있고 신속하게 처리되고 있다는 것을 의미하지는 않는다. 또한 공식적으로 자격을 갖춘 통역사나 번역사가 없기 때문에 라오스어는 다른 언어로 번역되는 경우가 거의 없다. 때문에 이러한 문제는 더욱 심각해진다. 인터넷과 전자행정 업무는 제한되어 있기 때문에 많은 주민은 여전히 입소문에 의존하여 정보를 얻고 있다. 게다가 그들은 사업과 관계된 사안을 대충 다루는 경향이 있다.

그 결과 비공식적인 합의 사항, 새로운 법률과 세금 그리고 정부 허가 내용이 복잡하게 얽혀있기 때문에 특히 외국인들의 경우 같은 문서를 반복적으로 제출해야 하는 문제에 부담을 느낀다. 외국인들은 이에 대한 적절한 조언을 받지 못하고 있으며 심지어 제재를 받을 수도 있다. 그러나 이러한 모든 문제들에 대한 변화와 개선이 시작되고 있다.

정부 허가와 행정

공식적이든 비공식적이든 노동 허가와 주거 허가를 얻는 데는 다양한 방법이 있다. 오늘날, '특별 수수료'를 지불하면 1년간 '중소기업 취업 허가증'을 받을 수 있는 대체 방법이 있다.

외국인들에게 또 다른 중요한 문제는 합법적으로 자신의 명의로 토지를 사고 등록할 수 있느냐는 것이다. 라오스인과 함께 '공동 벤처' 개념의 토지 소유권을 얻거나, 사업 거래 또는 결혼 같은 방법으로 부동산 소유권을 획득하는 방법 외에 외국인들이 토지를 소유할 수 있는 방법은 없지만 그렇다고 이러한 방법들이 안전한 것은 아니다. 경우에 따라 국가는 최소한의 보상만으로 토지를 징발할 수도 있다.

민간 및 공공 부문뿐 아니라 NGO에서 일하는 외국인 직원과 관련된 행정 사항은 2013년 노동법에 의해 규제되고, 노동사회부에서 노동 허가증을 보안부 이민국에서 주거 허가증을 발급한다. 대부분의 노동 허가증은 1년간 발급되며, 최대 5년간 갱신할 수 있다. 기간 연장은 매우 예외적이고 드물다. 라오스에서 노동 허가에 필요한 조건과 문서를 상세히 다룬다는 사항이 명시되어 있음에도 불구하고, "외국인 노동자는 '필요하다고 생각되는 다른 조건'을 준수해야 한다"며 다른 사항들과 상충되는 조건을 달아놓았다.

라오스에서 일할 외국인에게 발급되는 워킹비자는 전문가, 투자자, 노동자 등 세 종류로 그 목적과 고용 구분을 잘 보여 준다. 첫 번째로 '전문가'는 국제 및 일부 비정부 단체에 고용된 외국인을 대상으로 하며, 두 번째는 (라오스에 등록된) 기업에 자금을 투자하기 위한 '투자자' 신분이다. 이를 위해서는 정부 승인된 기업의 투자허가서나 투자증명서가 필요하다. 마지막으로 '노동자'는 지역 또는 국제 근로자에 해당하는 기간제 근로자다. 고용 계약에는 '단순 노무'가 포함된다. 또한 투자자들을 위한 원스톱 서비스, 즉 '싱글 윈도우 시스템'을 갖추고 있다.

라오스는 '행정 효율성이 낮다'고 인식되어왔고 이 때문에 많은 자원봉사자가 관광비자를 받고 일하고 있는데 이에 대한 처벌 수위가 높을 수 있기 때문에 목적에 맞는 비자를 발급받아야 한다.

업무상 접대

다른 나라와 마찬가지로 라오스에서도 사업관계를 탄탄하게 발전시키기 위해서는 시간과 노력이 필요하다. 라오스에서 성공한 외국 기업들은 회사 운영에 필요한 사업 안건과 정부와의 연줄을 구축하는 데 상당한 시간이 걸렸다.

격식을 갖춘 저녁식사, 최근에는 골프와 같은 사교적 교류도 사업 파트너들 간에 상호 신뢰를 쌓고 이해하는 유용한 방법이다. 라오스에는 서양의 위스키처럼 '라오라오'라고 불리는 쌀로 만든 전통 술이 있다. 그리고 만남의 주최자가 손님들 앞에서 먼저 술을 마시고 나서 방 안의 손님 한 명 한 명에게 술을 권하는 것이 관례이며 특히 귀빈에게는 중요한 것으로 여겨진다. 때로는 각각의 손님들 앞에서 술을 마셔야 하기 때문에 곤란한 상황에 직면할 수도 있다.

라오스인들은 일상 대화에서는 직설적이지 않지만 처음 사업 파트너를 만나는 자리에서 연락의 지속 여부가 가늠될 수 있기 때문에 첫인상은 매우 중요하게 작용한다. 당연히 대립적이거나 공격적인 행동은 피하는 것이 최선이다.

투자 기회

라오스의 많은 잠재적인 사업 기회들 중, 개인이나 중소기업 투자자들에게 가장 인기 있는 분야는 관광과 관련된 것이다. 좋은 호텔과 호스텔, 레스토랑, 카페, 가게, 스파, 가이드 투어, 야외 액티비티 등의 편의시설에 대한 방문객들의 수요가 늘어나고 있으며 이러한 사업에 대한 경험이 있는 외국인 기업가들과 투자자들이 많다. 또 다른 사람들은 아름답지만 개발이 덜 된 라오스에서의 새로운 생활을 꿈꾸며 주택과 생계수단, 수입처를 찾고 있다.

【 관광 사업: 지방 도미노 효과 】

외국인들뿐만 아니라 다른 지역에 살고 있는 사람들도 라오스를 여행하길 원하며 실제로 방문객 수도 점점 증가하고 있다. 라오스에서 휴가를 보내기 위해 말레이시아인들은 북쪽에서 오토바이를 타고 오고 중국인들은 남쪽의 쿤밍 지역에서 온다. 베트남이나 중국에서 온 공식적인 행사단은 호송차를 타고 여행하기도 한다.

글로벌 기업들은 급속도로 발전하고 기반시설에 투자하기 위해 더 큰 규모의 관광객과 다른 프로젝트에 초점을 두고 있다. 새로운 도로, 철도, 댐, 광업, 임업 등은 매우 큰 계약과 해외 전문지식이 동원된다. 또한 라오스인들이 고용될 수 있는 기술자, 광부, 컨설턴트도 필요하다. 전문지식을 제공하는 사람들에 대한 보수는 매우 좋지만 단순 노동자인 라오스인들에게 지급되는 보수는 매우 낮을 것이다. 하지만 점차 개선되고 있는 교육과 기술교육 제도로 이러한 상황은 바뀔 것이다.

해외 원조와 개발 사업

1990년대 소련 붕괴 이후 극심한 경제난에 빠져 국민 대부분이 빈곤에 허덕이고 있었던 라오스가 세상에 드러나게 되었다. 경제 개혁에도 불구하고, 라오스는 지금도 해외 원조에 크게 의존하고 있다.

그러나 이 해외 원조에 어려움이 없는 것은 아니다. 선진국은 원조를 통해 저개발 국가들이 발전되길 원하지만 사회적, 정치적, 문화적 차이는 이를 매우 어렵게 만들 수 있다. 의도에 대한 오해, 단순한 무지, 피할 수 없는 탐욕과 부패가 복합적으로 나타나는 경우가 많다. 농촌 지역까지 물류가 수송되는 데는 물리적 어려움이 있으며, 보건 및 교육 분야의 지속가능한 개발 목표 달성은 매우 어렵다는 것이 드러나고 있다. 이에 농촌 사람들은 이주하여 일자리를 찾아 나서거나 해외에 있는 친지들로부터 송금을 받는 등 생계를 위해 여러 가지 방법을 취하고 있다.

최근 라오스는 임업, 농업, 수력발전, 광물 등이 주도하는 자원을 기반으로 안정적인 경제 성장 궤도에 올랐다. 그러나 소득의 분배는 매우 고르지 못하며, 이는 정부의 행정관리 문제와도 관련이 있다.

2006년에 라오스는 기념식과 함께 유엔 국제 부패 방지 기념일을 공식적으로 언급했다. 이것은 외교적인 방식을 통해 민감한 문제에 대한 최소한의 논의 가능성을 열어놓은 것이라고 해석되었다. 일부에서는 이를 '고위 관료들과 외국 고위 인사들의 비판을 미화하여 개최한 공허한 행사'라고 했다. 하지만 이 기념식을 통해 정치적으로 민감한 문제와 실질적인 사례들을 활용하는 논의에 있어 대중을 위한 공간이 마련되었다는 것을 공표하기 위한 자리였기를 희망하기도 했다. 이에 라오스의 SUV 자동차 소유주나 사용에 대한 재정적인 근거와 투명성을 조사하는 것이 흥미로운 출발점이 될 것이라는 주장이 제기되기도 했다. 그 이유는 공직자의 월급에 비추어 볼 때 자동차에 소비된 돈은 불가능하다고 여겨지기 때문이다.

토지소유권

토지 소유에 대한 법률은 다소 불분명하다. 라오스 헌법 17조에 따르면 라오스의 영토는 국가 유산의 일부라고 명시하고 있다. 이것은 또한 "헌법 제17조에 규정되어 있는 국가 공동체의 소유로 되어 있다"와 함께 토지법 제3조에도 명시되어 있다. 토지법에는 라오스 국민의 토지에 관한 권리와 의무를 명시하고 있으며, 특히 라오스 국민이 '토지사용권'을 가질 수 있도록 규정하고 있는데, 이것은 외국인들이 알고 있는 '토지소유권'의 개념과 맞닿아 있다. 이 법의 일부 조항은 토지에 대한 외국인들의 권리를 다루지만, 실제로 이러한 권리는 토지임차권이나 '계약권'이며, 라오스 국민에게 부여된 '토지이용권'과 동일시되지 않는다.

이용권이 있는 토지가 국유화(또는 다른 사람에게 양도)되는 경우에는 법적으로 국가가 '토지이용권'을 가진 자에게 보상금을 지급하도록 규정하고 있다. 그러나 평가 내용과 보상금에 관한 정보는 명확하지 않다. 경우에 따라 법이 시행되고 있으며 전면적인 보상은 없다.

라오스를 방문하는 많은 외국인은 장기적으로 거주하기를 원하기도 하고 일부는 라오스에서 외국인이 아파트, 주택, 토지를 소유할 수 없다는 것을 알지 못한 채 창업을 하거나 주택을 사려고 하기도 한다. 외국인은 라오스 국민 또는 국가로부터 장기적으로 임대를 할 수 있다. 그리고 건물을 살 수는 있지만 토지는 임대만 가능하다.

그 밖에도 전문적으로 자세하게 검토해야 할 법적인 고려 사항이 많다. 라오스 국적을 얻는 것은 불가능한 일이 아니지만 매우 어렵다. 7년 이상 나라를 떠나 있었던 라오스인들조차도 국적을 되찾는 데 어려움을 겪는다. 국적을 회복하고자 하는 사람들이나 외국인들은 라오스인과 결혼하면 보다 빨리 국적을 획득하겠지만 본래 국적을 포기해야 한다는 점을 기억해야 한다.

라오스에는 은퇴비자 같은 것은 없다. 이 때문에 많은 외국인은 라오스의 주변국에 부동산을 구입하고, 일반 관광비자로 라오스에서 여가 시간을 보낸다.

라오스는 국유화가 여전히 가능한 정권하에 있으며 정치인과 군부에 대한 특권이 주어지는 국가라는 것을 유념해야 한다. 지난 몇 년간 이어진 방문객과 투자자의 유입 현상은 매우 새로운 것이고 이러한 현상이 추가적인 지역 투자와 고용을 촉진하기 때문에 라오스 정부는 사업 투자를 촉진하고 영구적으로 거주하길 원하는 외국인들이 부동산을 매입할 수 있는 방법을 강구해야 될 필요성을 점점 더 인식하고 있다. 정부는 특히 해외 전문가들이 라오스에 거주하기를 바란다. 이에 정부는 이러한 문제를 규제할 방안을 검토 중이고 새로운 '전문가' 비자 시스템이 시행될 것으로 보이지만 실제 시행까지는 시간이 걸릴 것으로 보인다.

라오스인들은 국가의 국유화 정책 때문에 그들의 재산이 최소한의 보상만으로도 나라에 귀속될 수 있는 위험에도 불구하고 땅을 구입한다. 모호한 '토지사용권' 조항에도 자신들이 구입한 땅을 외국인에게 장기 임대하기를 원한다. 하지만 외국인들도 마찬가지로 임대한 땅을 국가에 내주어야 할 상황을 맞을 수도 있다. 현재 라오스에는 유명한 로펌들이 많으며 토지와 부동산 장기 임대에 대한 상담은 필수다.

09

의사소통

라오스어는 라오스의 공식 언어지만 국가 인구와 규모에 비해 사용되는 언어가 매우 다양하다. 라오스에는 수많은 민족이 살고 있으며 그들은 그들의 언어만 사용하기 때문에 안타깝게도 외국인이 라오스어를 배우기 위해 많은 노력을 한다 해도 라오스인들과의 의사소통은 쉽지 않을 것이다. 또한 계속되는 가난과 교육의 부재는 또 다른 극복할 수 없는 문화적 장벽이다.

언어

라오스어는 라오스의 공식 언어지만 국가 인구와 규모에 비해 사용되는 언어가 매우 다양하다. 라오스에는 수많은 민족이 살고 있으며 그들은 그들의 언어만 사용하기 때문에 안타깝게도 외국인이 라오스어를 배우기 위해 많은 노력을 한다 해도 라오스인들과의 의사소통은 쉽지 않을 것이다. 또한 계속되는 가난과 교육의 부재는 또 다른 극복할 수 없는 문화적 장벽이다.

【 따이 vs 타이 】

라오스어는 "남서부 '따이' 언어"로 알려져 있으며 라오스, 태국, 캄보디아, 베트남에서 약 2,500만 명의 사람들이 사용하고 있다. 따이 언어는 태국에서 가장 널리 사용되는 '타이'어와 밀접한 관련이 있는 어족이다. '따이'라는 용어는 '타이'가 태국어로 지정되어 있기 때문에 민족 전체를 가리킬 때 사용된다.

정확한 정보가 부족하기 때문에 라오스에서 사용되는 언어의 수를 확인하기는 어렵다. 그동안의 연구조사는 접근 문제로 제한되었지만, 최근의 연구에 따르면 실제로 사용되는 언어는 약 80개이고 방언은 약 120개가 있다고 한다. 몇 가지 예외적인(특히 흐몽과 크무) 언어들을 제외하고 대부분의 소수 언어는 사라질 위기에 처해있다. 라오스에서 들을 수 있고 사용되는 주변국의 언어는 태국어, 베트남어, 만다린어다. 어린이들은 태국어로 된 만화와 상업용 광고음악을 통해 태국어를 배운다. 아직 라오스어를 말하거나 쓰지 못하는 라오스인들도 많다. 단지 소수의 민족에 국한된 문제가 아니라 '흐몽'과 같이 규모가 큰 민족들도 해당된다.

라오스의 문자, 즉 '아크손 라오'는 라오스어와 다른 소수 언어들을 쓰는 데 사용되는 주요 문자다. 또한 태국의 '이산어'를 쓸 때도 사용되었지만 현재는 타이 문자로 대체되었다.

ສະບາຍດີ

【 라오스 문학 】

어린이용이든 성인용이든 라오스어로 출판된 책은 거의 찾아볼 수 없을 정도로 그 수가 적다.

라오스의 구전으로 전해지는 시와 민속의 전통은 문학과는 달리 여전히 살아있다. 문헌에 대한 초기 기록은 16세기부터 발견되었다. 19세기에는 그 지역의 사회적, 정치적 변화가 문학을 대표하는 주제가 되었으며 불교 용어 혹은 초자연적인 용어로 표현되기도 했다. 라오스 문학은 오늘날 태국에 이웃한 란나 왕국의 문학적 전통에 깊은 영향을 받았다.

점차적으로 종교 교육은 정부가 후원하는 교육으로 대체되었고 전통적인 라오스 문학은 쇠퇴했으며 이러한 변화는 태국과 서구의 영향을 받은 것이다. 마하 실라 비라봉은 라오스 전통 문학과 역사에 있어 중요한 학자이며 그의 세 자녀 파키안 비라봉(가명 파나이), 두앙데우안 비라봉(다우크 케트), 다라 비라봉(두앙 참파)은 20세기 중반 이후로 잘 알려진 라오스 출신의 작가들이다.

라오스 언어의 역학관계

여러 국가의 음성언어가 표준화된 철자법과 문법으로 강화된 오늘날, 라틴 문자로 쓰인 라오스어를 쓰는 것은 혼란을 야기한다. 표준화된 음역체계가 없으며 그 결과 영어와 프랑스어 철자가 혼합되었다. 공식적인 '세계 국가' 목록에 라오인민민주

주의공화국 또는 라오스가 혼용되어 쓰이는 것은 결코 국가
에 도움이 되지 않는다.

【 라오 vs 라오스 】

라오스의 공식 명칭은 라오인민민주주의공화국이며, 이를 대
체하여 많이 사용되는 라오스의 's'는 발음이 되거나 안 될 수
도 있다. 라오스, 라오인민민주주의공화국, 심지어 파테트 라오
라는 이름은 혼란을 야기한다. 프랑스 식민지 시대에 라오스
를 국민을 지칭하는 복수명사로 만들기 위해 글자를 추가했
다. 프랑스어에서는 어법상 's'가 묵음으로 남아있었지만 이제
's'를 발음한다.

오늘날에는 라오스 또는 라오인민민주주의공화국으로 불린
다. '라오'는 나라를 가리키는 명사로 쓰이지 않는다. 이는 형
용사로 사용되며 사람이나 언어를 지칭할 때만 명사가 될 수
있다. 라오스인들은 라오스의 's'를 발음하지 않으며 라오스인
들이 라오스어로 나라를 지칭할 때는 '라오의 나라' 또는 '파
테트 라오'라고 부른다.

아시아의 많은 문화 단체들이 국가의 이름을 다르게 부르
는 것에 주목할 필요가 있다. 예를 들어, 중국은 13개의 문자

언어를 가지고 있는데, 같은 음성방식으로 '중국'을 발음하는
문자언어는 없다.

[라오스인, 라오족, 라오스 국민]

이 중 라오스인들을 지칭하는 가장 좋은 용어는 무엇인가? 라
오스는 다양한 민족과 민족사를 지닌 나라로써 이는 민감한
사안이며 학계에서도 오랫동안 논의되어온 문제다. 존 월시 교
수는 '라오족'이라고 부르는데 이것은 라오스 국민 전체를 가리
키는 주요 민족 집단인 라오스인Laotian을 의미할 것이다. 오바
마 대통령은 단일국가가 되기 위해 노력하는 국가로서 '라오
스 국민'이라고 칭하기도 했다. 이 문제는 해결되기까지 시간
이 걸릴 것이고 다양한 민족들도 점차 하나가 되겠지만 그 과
정에서 일부 민족의 귀중한 정체성과 유산이 사라질지도 모
른다.

라오스어 배우기

외국인이 라오스어를 배우는 것은 얼마나 어려운가? 한 가지

확실한 것은 라오스인들은 라오스어 몇 마디를 배우려는 당신의 노력에 정말 감사할 것이라는 것이다. 설사 발음이 잘못되었더라도 기본적인 인사말이나 어색한 말은 그냥 넘어갈 것이고, 사업상 첫 만남에서는 어색한 분위기를 누그러뜨릴 것이다. 그들이 당신의 말을 듣고 웃어도 악의는 없으므로 오해할 필요 없다. 당신의 노력은 그들의 문화를 이해하고 싶어 한다는 것을 보여준다.

라오스어는 태국어와 베트남어처럼 모음과 자음뿐만 아니라 성조로도 구분된다. 라오스어에는 5개 성조가 있다. 잘못 발음하면 낱말의 의미가 완전히 바뀐다. '파'라는 단어는 성조에 따라 '물고기', '정글', 그리고 '이모'의 뜻을 가진다.

또한 자음 26개를 알아두어야 한다. 예를 들어 각 자음은 2개 이상의 's'와 'h'가 있는 단어의 소리를 구별하기 위해 사용된다. 실제로 'k'와 'g'가 있는 글자에는 3개의 'k'자가 있다.

라오스 알파벳에 대해 알아두어야 할 두 가지가 더 있다. 과거 혁명 당시 완전히 없애기로 했던 문자 'r'이 다시 등장하고, 'ch'의 소리는 'x'가 되었지만 's'로 발음된다는 것이다. 그래서 코끼리를 뜻하는 'xang'은 'sang'처럼 들린다. 이는 어렵지만 알아둘 만한 가치가 있다.

다른 하나는 라오스어에는 정중함을 표현하는 어구가 부족하다. '콥 차이('고맙다'는 뜻)'가 널리 쓰이지만, '카루나/가루나(정중한 표현으로 '제발'이라는 뜻)'라는 말은 일상 언어에서는 거의 사용되고 있지 않으며, 고객 서비스를 위한 녹음이나 정부 고위 관료들에게 말할 때만 사용된다.

유머

라오스인들은 유머 감각이 뛰어나다. 끊임없이 남을 속이고 남들보다 한발 앞서나가는 라오스 민속의 전설적인 사기꾼 시엔 미엥(시앙미앙) 이야기는 여전히 큰 인기를 끌고 있다. 그의 이야기는 18세기부터 구전되거나 야자수 나뭇잎에 쓰여 전해진다. 구전되는 역사와 민속은 라오스의 뿌리 깊은 전통이며, 아이들은 여전히 고대 문자와 금기에 영향을 받는다. 이야기에서 왕족과 자연환경은 큰 역할을 한다.

또한 라오스에는 '뜻이 있는 곳에 길이 있다'와 '사람들을 너무 믿지 마라, 그것은 너를 곤경에 빠뜨릴 수 있다!' 같은 속담과 격언이 많다.

• '네'라고 말하는 방법 •

• 코다이/고다이

'네'와 '아니요'를 표현하는 기본적인 라오스어를 알아놓는 것이 좋을 것이다. 외국인들에게는 이 두 가지가 비슷하게 들려 어렵기도 하고 시장에서 문제를 일으킬 수 있기 때문이다. '다이'는 '가능하다'는 의미이고 '코다이/고다이'는 '네'를 의미하며 반면에 '보다이'는 '아니요'를 말한다. 만약 단 몇 마디를 이해하고 질문을 받았을 때 '네, 가능합니다(코다이/고다이)' 혹은 '아니요, 안 됩니다(보다이)'라고 대답하면 오해를 일으킬 수 있다.

• 왕족의 '도이' vs 노동자의 '카오/차오/자오'

'도이'는 파테트 라오가 점령하고 '카오'가 규범이 되기 전에 사용되었던 '네'를 일컫는 말이다. 하지만 오늘날 '도이'는 서비스 산업에서 다시 쓰이고 있고 심지어 고개를 끄덕이면서 대화를 따라가고 있다는 것을 간단하게 인정하는 방식으로도 많이 쓰인다. 세 번째로 비공식적으로 '그렇다'고 말하는 방법이 있는데, 이것은 글씨로 표현하기는 어렵지만 공기를 깊이 들이마시고 말하는 것처럼 들린다. '도이', '멘 레오'는 '네, 사실입니다'에 대응하는 가장 공손하고 완벽한 대답이다.

라오스에서 농담의 주제는 우리와 매우 다를 수 있다. 예를 들어 몸무게에 대한 농담은 괜찮지만, 누군가의 어두운 안색을 언급하는 것은 모욕이 될 수 있다. 사실 오늘날의 라오스 소녀들과 여성들은 그들을 뚱뚱하다고 말하는 것이 화를 낼 만한 일이라는 것을 알게 될 것이다. 이름과 별명에 대한 농담도 많고, 외국인들이 전혀 이해할 수 없는 농담도 있다.

다른 언어

라오스는 태국, 베트남, 중국 등에 끊임없이 노출되고 있는데 라오스는 이 국가들로부터 텔레비전 프로그램을 포함하여 여러 가지 물품을 수입한다. 라오스어는 태국어의 고어라고 알려져 있으며 태국어는 같은 뜻이라도 다양하게 문자로 표현 가능하다. 문자로 된 라오스어도 역시 태국어의 고어이기 때문에 훨씬 쓰기 편하다. 한 전문가에 따르면, 라오스인들은 태국어를 쓸 수는 없지만 말하고 읽는 것은 쉽다고 설명했다. 하지만 태국인들은 라오스어를 거의 이해하지 못하고, 말해보려고 하지 않으며, 쓰기는커녕 거의 읽지도 않는다.

과거에 프랑스어는 라오스의 엘리트들과 국가 교육이나 행정부(군주제가 폐지되고 라오인민민주주의공화국이 집권한 후 베트남어와 함께 사용됨)에서 사용되었지만, 현재는 영어가 사용되고 있으며 특히 호주와 미국으로부터 영향을 받았다. 게다가 영어를 제1외국어로 지정한 국가들이 많기 때문에 의사소통에 사용될 유일한 언어는 영어다.

매체

싱가포르 국립대학의 연구에 따르면, 라오스의 모든 신문과 방송매체는 국가 소유다. 카오산 파테트 라오는 정부 규정에 따라 다른 언론기관에 정보를 공급하는 공식 통신사이며 출판물은 문화체육정보통신부의 승인을 받아야 한다.

라오스의 인터넷과 콘텐츠는 검열 과정을 거친다. 라오스 정부는 이 점을 의식해 민감한 주제를 다루는 국내외 언론인들을 감시하기도 한다. 공무와 관련 있는 외국인 직원들은 업무 기기로 '논란이 될 수 있는' 웹사이트를 읽거나 다운로드하는 것을 금지한다는 규칙을 따라야 한다.

라오스의 법 집행은 여전히 모호하기 때문에 외국인 직원과 컨설턴트들은 '민감한 주제'를 언급할 때는 신중을 기한다. 언론사조차 언론인의 권리와 책임을 보장하는 미디어법의 부재로 '불법적인 행위'를 보도하는 것을 꺼린다. '그 법이 통과되지 않은 것은 정부가 아직 때가 아니라고 생각하기 때문'이라는 것이 언론에 종종 보도되는 일반적인 여론이다. 하지만 점차 윤리적인 저널리즘과 보도를 바탕으로 법 규범이 정비될 것이고 이러한 상황은 변화할 것이다.

BBC의 국가 개요에 따르면 "2014년 라오스 정부는 온라인상에서 정책이나 집권당을 비판하는 것을 범죄로 간주하는 등 인터넷을 강력한 방식으로 통제하고 있다. 새로운 법안은 소셜미디어 계정을 설정할 때 사용자의 실명을 등록하도록 요구하고 있다"고 한다. 따라서 소셜미디어에 '사회 질서'에 위배되는 것으로 해석될 수 있는 글이 게시되면 사용자 계정이 차단될 수 있다. 잘 알려진 스위스 NGO 헬베타스 구호단체의 안네 소피 긴드로즈의 경우처럼 공식적으로 정책이 완전히 승인되지 않을 경우 어려움이 발생할 수 있다.

【 오락과 뉴스 】

최근까지 태국의 라디오와 텔레비전 방송이 라오스에서 큰 역할을 해왔기 때문에 상대적으로 라오스의 텔레비전 방송은 익숙하지 않다. 아이들을 위한 만화를 제외하고(라오스 정부 채널에서 방송되는 일부 미국 프로그램은 라오스어로 더빙된다), 모든 사람들은 태국의 게임쇼와 드라마를 좋아한다. 많은 사람은 그들이 좋아하는 온라인 콘텐츠와 프로그램을 보기도 한다.

외국어 라디오 방송도 인기가 있는데 주로 영어와 프랑스어로 방송된다. 호주 라디오는 가끔씩 주파수가 잡히면 방송된다.

휴대폰과 인터넷

라오스의 국가번호는 856이다. 농촌 지역에서는 다를 수 있지만 도시 전역에서 휴대폰 서비스는 잘 제공된다.

라오스의 휴대폰 비용은 매우 경쟁력 있기 때문에, 라오스에서는 심카드를 사는 것을 추천한다. 심카드는 일반적인 스마트폰의 핫스팟 기능을 통해 인터넷 사용이 가능하도록 한다. 라오스에서 심카드는 여러 지역 상점에서 저렴하게 구입할 수 있지만 보안을 위해 개인 신상 정보를 등록해두어야 한다.

주요 이동통신 사업자로는 라오텔레콤, ETL, 유니텔, 비라인 등이 있으며, 일부 혹은 전체가 정부 소유다. 이 통신사들의 송수신 범위는 지역에 따라 다르기 때문에 멀리 떨어진 곳으로 갈 때는 2개의 심카드를 가져가는 경우도 있다.

【 휴대폰 기술의 영향 】

모바일 기술이 도래하기 전에 라오스인들은 유선통신에 의존하고 있었으며 여전히 유선통신은 전국적으로 사용되고 있다. 휴대폰으로 전화하는 곳은 제한되어 있지만 기본적으로 직원들의 회사에서 무료로 유선전화를 사용할 수 있다.

오늘날 많은 라오스인은 휴대폰을 가지고 있다. 값싼 스마트폰이나 낡은 구식 모델, 혹은 브랜드 휴대폰의 복사본을 가지고 있을지도 모르지만, 그렇다고 하더라도 이러한 변화는 '폐쇄된 집의 창문이 모두 열리는 것'과 같은 발전을 의미한다. 지역 주민들은 돈을 절약하기 위해 항상 무료 핫스팟을 이용해 휴대폰을 사용한다. 어떤 사람들은 휴대폰 충전기가 없어서 충전기를 찾아야 한다. 농촌 지역에서는 휴대폰을 충전할 전기조차 없을 수도 있지만, 그래도 사람들은 휴대폰을 계속해서 산다.

승려들이 휴대폰으로 통화하는 것도 흔한 일이고 그들도 우리와 마찬가지로 음악과 영화 콘텐츠를 다운로드받는다. 고대 종교와 현대 기술의 결합은 약간 이상하고 시대착오적인 것처럼 보일지도 모르지만 분명한 것은 오늘날 의사소통은 모든 사람들에게 매우 중요하다는 것이다.

세계화와 새로운 미디어 동향은 거대한 주변국들에 둘러싸인 작은 나라 라오스에 큰 영향을 주었다. 하지만 소셜미디어 활동은 어떤 경우라도 감시당할 수 있다.

우편

우편 배달 서비스는 매우 느리다. 집으로 배달해주지 않을 뿐만 아니라 주택에는 주소나 이름이 쓰여 있지 않기 때문에 라오스에서 우편물을 받는 것은 매우 어렵다. 대부분의 사람들은 우체국에서 PO 박스(이용 가능한 장소)를 신청하여 우편물을 받는다. PO 박스를 가지고 있는 사람들은 우편을 받을 전용 주소를 사용하기도 하며 특히 중요한 문서를 받아야 할 경우에는 영사 서비스를 요청하여 배달받는다.

결론

라오스는 풍부한 고대 문화를 간직한 동남아시아 중심에 있으며 이는 지리적, 역사적 위치를 반영한 것이다. 그들 대부분은 가난하고, 일상생활은 지역적, 불교적 관습과 전통에 영향을 받는 농촌 지역에서 이루어지며, 이는 마르크스주의를 지지하는 정부와는 매우 동떨어져 있다. 그들의 전통 가치는 존중, 권위에 대한 존경, 사회적 조화 그리고 상황을 받아들이고 적응하는 것이다. '보펜양' 철학은 그들의 삶에 부정적인 영향을 끼친 인도차이나 전쟁을 견뎌내는 데 큰 도움이 되었다.

오늘날 이 온화하고 쾌활한 사람들은 현대사회로 융합되고 있다. 라오스인들은 부드럽게 말하고 대립을 피하려고 노력하고 있지만 어른들의 조언과 지도 그리고 종교적인 위계 질서에서 탈피하려는 변화도 꾀하고 있다. 오늘날 외국 기업체들은 라오스의 사회와 경제에 영향을 주고 있고 이것은 관광, 철도, 채굴, 수력발전 등에 대규모 투자로 이어지고 있다. 이를 통해 '국가 단일화'와 동시에 삶의 방식과 관련된 전통 가치를 지켜나갈 방법을 모색해야 할 것이다. 오늘날 라오스는 '아름다운 나라 라오스! 어서 오세요!'라는 슬로건을 내걸고 관광산업을 육성시키기 위해 노력하고 있다.

참고문헌

Bouté, Vanina, and Vatthana Pholsena. *Changing Lives in Laos. Society, Politics and Culture in a Post-Socialist State.* Singapore: NUS Press, 2017.

Brier, Sam, and Phouphanomlack (Tee) Sangkhampone. *Lao Basics: an Introduction to the Lao Language.* Hong Kong; Periplus editions. 2010.

DeBuys, William. *The Last Unicorn. A Search for One of the Earth's Rarest Creatures.* New York: Little, Brown and Company, 2015.

Economic Research Institute for ASEAN and East Asia (ERIA). *Asean Rising: ASEAN and AEC Beyond 2015.* Jakarta, 2016. http://www.eria.org/ASEAN_RISING-ASEAN_and_AEC_Beyond_2015.pdf

Enfield, N. J., "Lao as a National Language," in Evans, G. (ed.), *Laos: Culture and Society* (pp. 258–90). Chiang Mai: Silkworm Books, 1999.

Fadiman, Anne. *The Spirit Catches You and You Fall Down.* Farrar, Straus and Giroux, 1998. A wonderful introduction to Hmong vs Western cultural dilemmas.

High, Holly. *Fields of Desire: Poverty and Policy in Laos.* Singapore: NUS Press Pte Ltd, 2014.

De Lavenère, Véronique. *Music of Laos.* Maison des Cultures du Monde, 2004.

DK *Eyewitness Travel Guide: Cambodia and Laos.* London: Dorling Kindersley, 2011.

Evans, Grant. *A Short History of Laos; The Land in Between.* Allen & Unwin, 2010.

Ivarsson, Soren. *Creating Laos: the Making of a Lao Space between Indochina and Siam,* 1860–1945. Nias Press, 2008.

Pholsena, Vatthana. *Post War Laos; The Politics of Culture, History and Identity.* Singapore, New York: Institute of Southeast Asian Studies, Cornell University Press, 2006.

Rough Guide to Laos. London: Rough Guides, 2012.

Southiseng, Nittana, and John Christopher Walsh. *Understanding the Health of Family Business in Laos.* Bangkok, School of Management Publications, 2010.

Stuart-Fox, Martin. *A History of Laos.* Cambridge University Press, 1997.

The United Nations. Lao PDR: *From Millennium Development Goals to Sustainable Development Goals: Laying the base for 2030.* The United Nations, 2017.

Warner, Roger. *Shooting at the Moon. The Story of America's Clandestine War in Laos.* South Royalton: Steerforth Press, 1996.

라오스를 다룬 해외 문학

영국의 범죄소설 작가 콜린 코테릴의 미스터리 소설 12권은 프랑스에서 교육을 받은 라오스의 검시관 시리 파이분 박사를 배경으로 했으며 현대문학 분야에서 여전히 인기를 끌고 있다. 이 책은 1970년대 중반에 제작된 것으로, 라오스와 라오스인들에 대한 대단한 통찰력을 담고 있으며 적극 추천한다.

라오스인과 결혼한 미국 평화봉사단의 자원봉사자 페니 코운타는 라오스에서의 멋지고 투쟁과도 같았던 인생 이야기를 『Love Began in Laos: The Story of an Extraordinary Life』라는 책에 담아 2017년 출간했다. 이 책은 1975년 공산당 정권이 들어서기 전 라오스에 살고 있었던 중산층 외국인이 겪었던 문화 충격과 프랑스 교육을 받은 그녀의 남편이 정부 관료 자리에서 물러났을 때 그녀가 남편에게 보낸 지지와 사랑 이야기를 다룬다. 그녀는 국경이 폐쇄되기 전에 라오스에서 7년간 생활하면서 날카로운 관찰력과 통찰력을 갖게 되었다. 21세기가 되어 다시 돌아온 그녀가 라오스에서 마주한 것은 과거의 것들과 대비를 이루며 매우 흥미진진하게 읽힌다.

유용한 웹사이트

www.britannica.com/place/Laos
http://databank.worldbank.org/data/Views/country=LAO
www.adb.org/countries/lao-pdr/main

출처

이 책은 저자가 라오스에서 수년간 만난 사람들의 이야기를 바탕으로 한 것이며 그들 중 대부분은 정치적 선동의 대상이었다. 그들의 개인적인 이야기를 바탕으로 했기 때문에 몇몇 정보에 대한 출처는 정확하지 않을 수도 있다.

거의 알려지지 않은 라오스의 아름다운 문화적 측면을 다루기 위해 많은 학술적인 글을 검증했다. 그리고 국제적인 자료는 현재의 인도주의적 상황을 평가할 때 사용되었다.

공간적 제약과 지속적인 변화로 인해 짤막한 정보만을 담고 있다.

지은이

나다 마타스 런퀴스트

나다 마타스 런퀴스트는 크로아티아에서 태어났다. 프랑스어 학자, 통역사, 교수, 컨설턴트, 국제 프로젝트 매니저로 활약하고 있으며, 6개 국어를 유창하게 구사할 줄 알며 3개 국어를 더 배우고 있다. 다방면으로 유능한 런퀴스트는 언어, 과학, 생명윤리, 법학, 문화학, 시민교육 분야에 종사했다. 옥스퍼드대학교에서 박사 학위를 취득했고 자그레브대학교, 스톡홀름대학교 그리고 오타고대학교에서 학위를 받았다. 프랑스 아비뇽대학교의 다학문 연구부 전임 부교수직을 맡고 있으며 스탠퍼드대학교, 중국 산시사범대학교, 아시아와 유럽의 IB학교 등에서 객원교수로도 활동하고 있다. 그녀는 라오스 국립대학교를 포함한 9개국에서 학문을 연구하고 있으며, 현재는 비엔티안과 아비뇽에서 생활하고 있다.

옮긴이

오정민

캐나다 센테니얼대학과 콜롬비아서던대학교 경영학과를 졸업했으며, 동국대학교 통번역 석사 졸업 후, 동대학교 번역학 박사 과정을 졸업했다. 다년간 다양한 문서를 번역했다. 현재 번역에이전시 엔터스코리아에서 전문 번역가로 활동 중이며, 대학에서 영문학 강의를 하고 있다. 옮긴 책으로는 『The Art of 아이언 자이언트』가 있다.

세계 문화 여행 시리즈